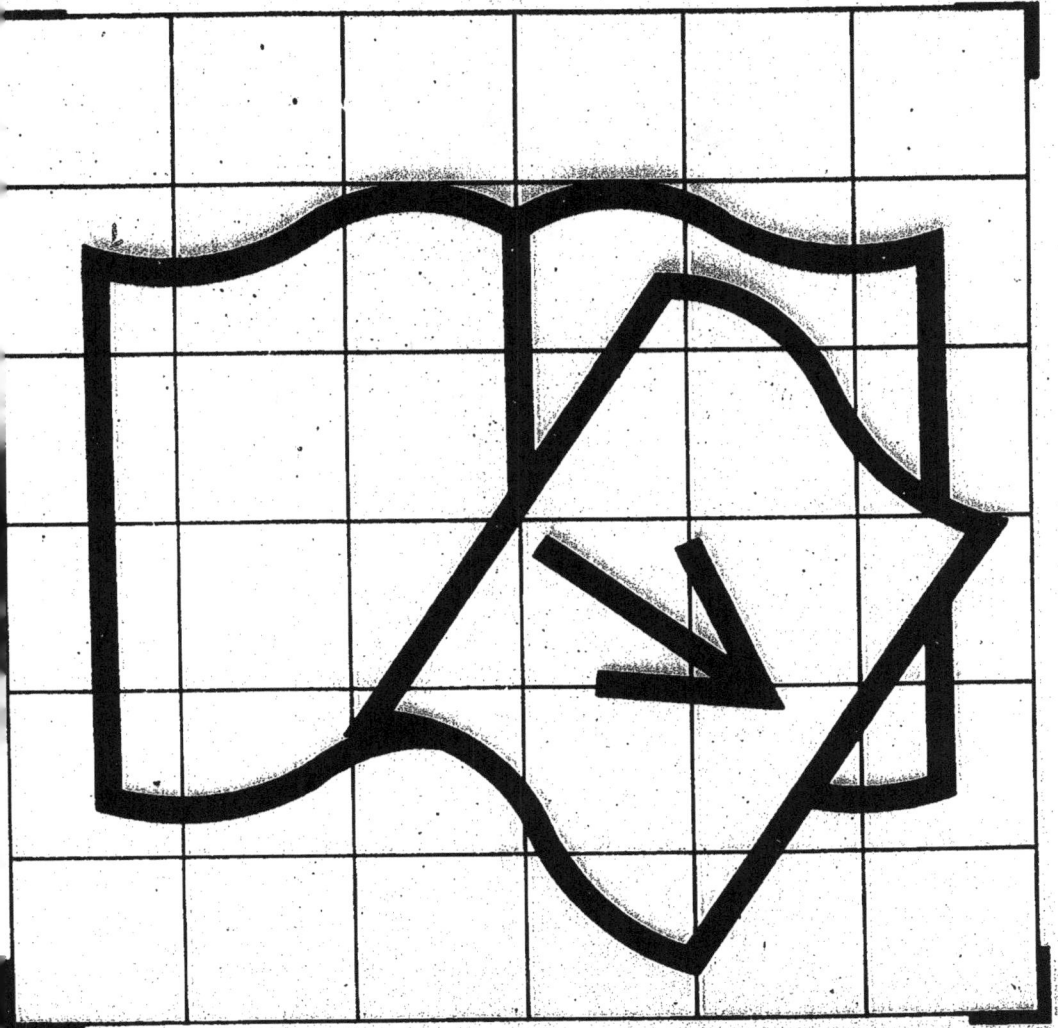

PETIT

CONDÙCTEUR

DANS LILLE.

LACOSTE P. F. B.ON

Nous recommandons à nos lecteurs, un ouvrage qui vient d'être mis en vente et qui a pour titre :

GUIDE PORTATIF

des Étrangers dans Lille.

Prix : 1 fr. 50 cent. avec le plan de la ville.
1 franc , sans le plan.

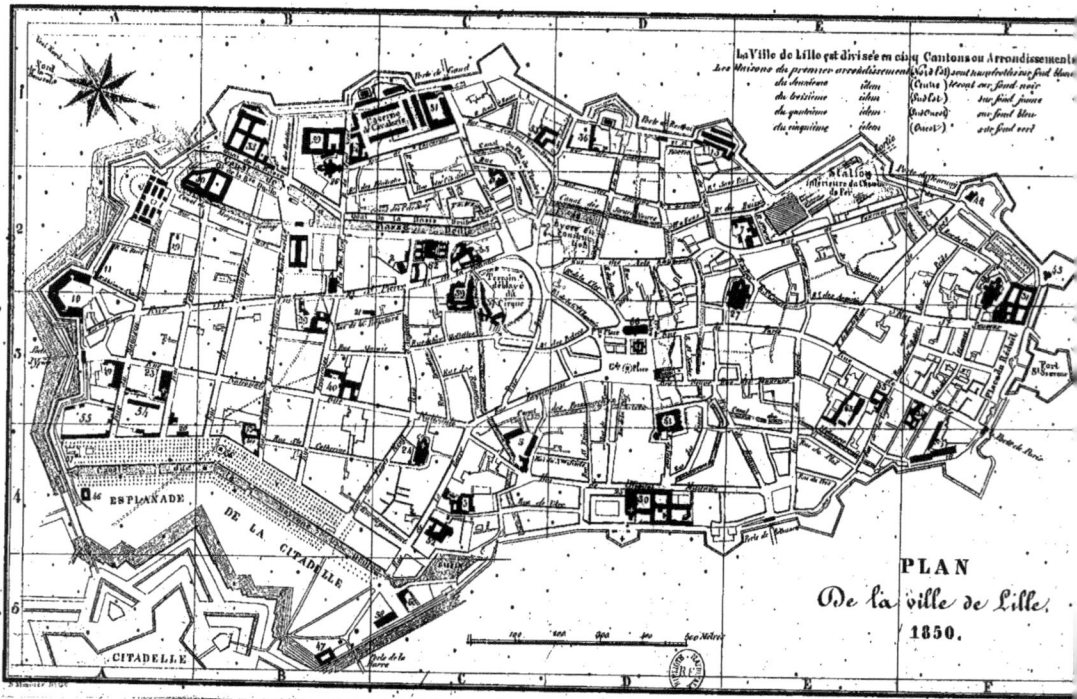

PLAN
De la ville de Lille
1850.

CITADELLE

ESPLANADE DE LA CITADELLE

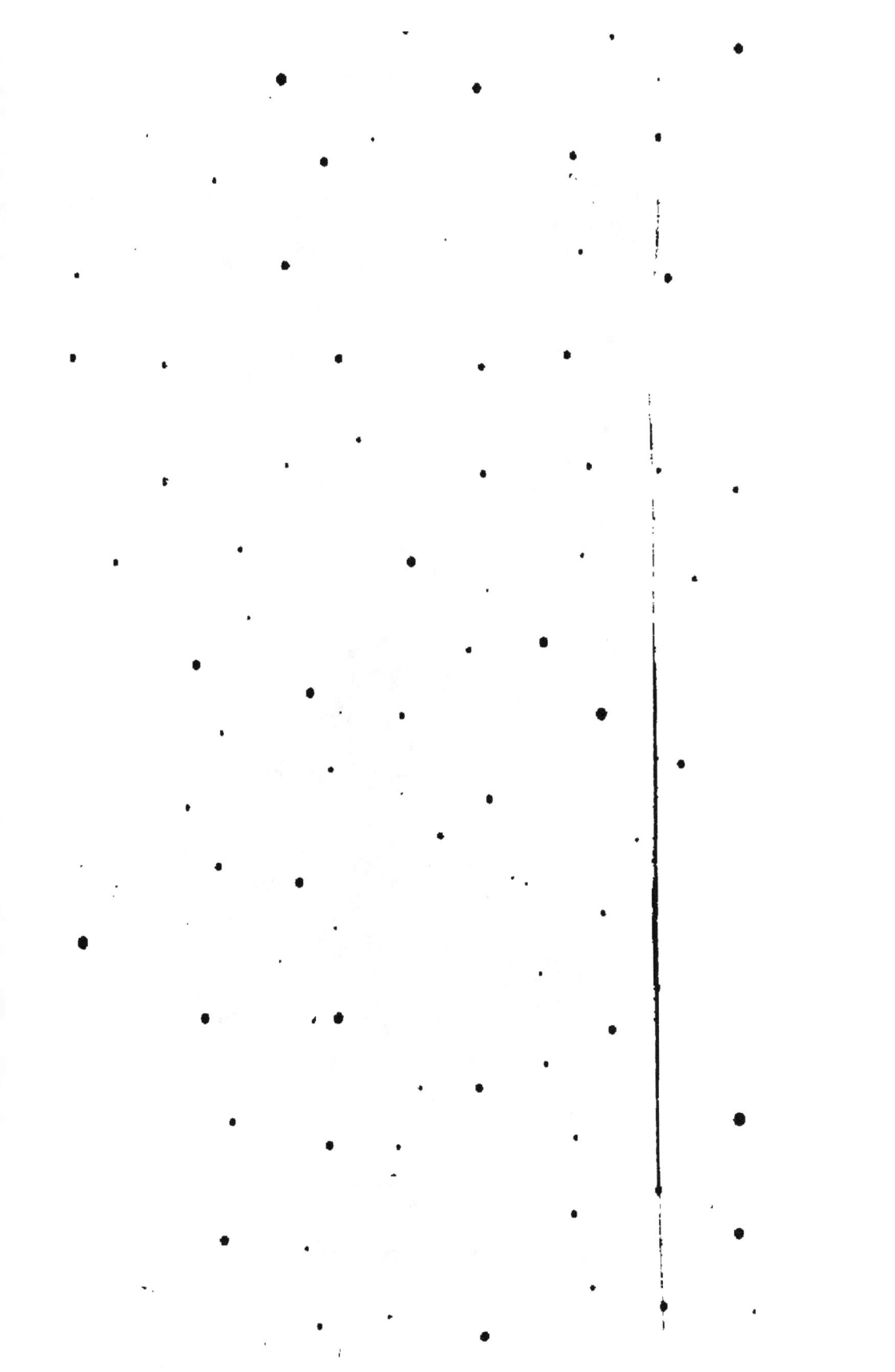

PETIT

CONDUCTEUR

DANS LILLE,

à l'usage des étrangers.

LILLE.

LILLE,

CHEZ TOUS LES LIBRAIRES.

1850

Lille. — Typ. de Blocquel-Castiaux.

Dans un volume que nous venons de publier, et qui a pour titre : GUIDE PORTATIF OU NOUVEAU CONDUCTEUR DES ÉTRANGERS DANS LILLE, nous avons donné une notice historique sur chaque monument, sur chaque édifice remarquable, en même temps que nous y avons donné sur chaque établissement de quelqu'importance, des détails aussi intéressant qu'ils sont utiles.

Ce volume, le plus complet d'entre ceux du même genre qui ont été imprimés jusqu'ici, a été favorablement accueilli, parce que les faits qu'il renferme sont vrais, parce que les renseignements qu'il donne sont exacts, enfin parce qu'on n'y trouve rien d'exagéré dans les appréciations.

Nous engageons ceux de nos lecteurs qui ne trouveraient pas dans notre petit livre, tous les détails qu'ils voudraient avoir sur Lille, détails que le cadre dans lequel nous avons dû nous renfermer ne nous permettait pas de leur donner, nous les engageons, disons-nous, à se procurer l'ouvrage que nous venons de leur indiquer.

NOTICE SUR LILLE.

∞

TOPOGRAPHIE.

Lille était avant la révolution de 1789, capitale du gouvernement militaire de la Flandre française. Elle est aujourd'hui chef-lieu du département du Nord; le général commandant la 2.e division militaire qui comprend les départements du Nord, du Pas-de-Calais, de la Somme et de l'Aisne, y a établi son quartier-général.

Cette grande ville, riche, belle, forte, très-peuplée et très-commerçante, est située sur la moyenne Deûle, à l'extrême frontière du nord de la France, à 78 kilomètres de Dunkerque, 47 d'Hazebrouck,

59 de Cambrai, 102 d'Avesnes, 33 de Douai, 51 de Valenciennes, 16 d'Armentières, 11 de Roubaix, 13 de Tourcoing, 236 de Paris, 64 de Gand, 25 de Tournay. Longitude (comptée de Paris), 0 degrés, 44 minutes, 16 secondes; latitude, 50 degrès, 37 minutes, 50 secondes.

La ville forme un ovale allongé, dont la plus grande longueur est de 2,000 mètres, du N.-O. au S.-E. (entre la porte d'Ypres et la porte de Paris); la plus grande largeur est de 1,100 mètres du S.-O. au N.-E. (de la porte de Dunkerque à la porte de Gand). Lille n'a que 740 mètres dans sa partie la plus étroite, c'est-à-dire, de la gare du chemin de fer à la porte de Béthune.

La construction de Lille est très-admirée. Il est peu de villes aussi bien percées. On y compte trente places ou marchés, près de deux cents rues avec trottoirs de chaque côté, et plus de cent cours ou impasses. Presque toutes les rues sont droites, larges et dirigées de manière à recevoir les rayons du soleil depuis le lever jusqu'au coucher.

La *Grande Place* est un vaste parallélogramme de 140 mètres de longueur sur 75 environ de largeur.

Cette place et celle du *Théâtre* sont les

seules qu'on doive citer ; il n'y a rien que de très-ordinaire dans les autres.

Les rues sont éclairées pendant la nuit, hors les heures de lune, au moyen de becs de gaz convenablement multipliés.

Parmi les rues les plus remarquables, nous citerons les suivantes :

La *rue Nationale*, la plus belle de la ville, soit que l'on considère son étendue, sa largeur ou bien la beauté et la régularité de ses édifices.

La *rue Esquermoise* qui se distingue par l'élégance et par la richesse de ses magasins. Elle est pour Lille, ce que la rue Vivienne est pour Paris.

La *rue de Paris*, la plus peuplée, la plus commerçante, la plus bruyante et l'une des deux plus longues de la ville.

HISTOIRE.

Quelques auteurs, à dessein sans doute de donner plus d'intérêt à l'histoire de cette ville, ont raconté sur son origine des détails que nous ne répéterons pas, à cause de leur peu d'authenticité.

La ville de Lille a pris son nom d'un village entouré d'eau, qui, lui-même, devait son origine à un château bâti pendant les

derniers siècles de l'empire des Romains dans
la Belgique, et autour duquel quelques habitants, attirés par la sûreté qu'il procurait,
vinrent s'établir. Elle ne formait encore
qu'un bourg sous Bauduin IV, comte de
Flandre, qui, en l'an 1030, l'entoura de
murs et de fossés. Sa population s'accrut
alors si promptement que Bauduin V, fils
et successeur de ce prince, se vit obligé de
l'agrandir. Son enceinte, qui fut percée de
quatre portes, s'étendait depuis le lieu où
depuis fut bâtie la paroisse St.-Pierre, jusqu'au marché sur lequel était l'église Saint-
Étienne, la seule qui existât à cette époque.
Ses fortifications nouvellement construites
ne l'empêchèrent pas de tomber, en 1054,
au pouvoir de l'empereur Henri III, qui
venait de ravager la Flandre. Elle fut en
cette circonstance pillée et dévastée ; mais
ce malheur fut bientôt réparé par les bien-
faits de Bauduin, qui la rétablit et releva ses
murs abattus.

Lille eut, avant de parvenir au point où
nous la voyons, bien des malheurs et des
vicissitudes à essuyer.

Elle fut prise trois fois dans l'année 1213,
d'abord par Philippe-Auguste, après un
siège de trois jours ; puis, par le comte de
Flandre Ferrand, en faveur duquel elle se

révolta; enfin par le même Philippe, qui, la trouvant sans défense et irrité de sa rebellion, la réduisit totalement en cendres.

Lille fut aussi attaquée par Philippe-le-Bel et prise en vertu de capitulation au commencement de septembre 1297, après onze semaines de siège. Le roi la confisqua ainsi que la Flandre, et la réunit à la couronne; mais les habitants, jaloux de leur liberté, rouvrirent leurs portes en 1302 à Jean de Namur, fils de Guy, comte de Flandre, qui venait de gagner sur les Français la bataille de Courtrai. Philippe-le-Bel, ayant à son tour battu les Flamands à Mons-en-Pévèle, revint assiéger Lille en 1303. Il ne la prit pas cependant par les armes; une trève eut lieu, et l'année suivante un traité de paix lui abandonna, pour ses frais d'expédition, les villes de Lille, Douai et Orchies.

Robert de Béthune, comte de Flandre, se repentit de cette cession, et, après la mort de Philippe, il prit les armes et vint devant Lille (en 1314), dans l'espoir de s'en rendre maître; mais cette tentative fut sans succès; il fut obligé de se retirer devant les forces supérieures envoyées contre lui.

La ville de Lille avait été rendue à la Flandre par le roi Philippe-le-Hardi. Elle passa en 1476, à la maison d'Autriche par le mariage de Marie, comtesse de Flandre, avec Maximilien, fils de l'empereur Frédéric III. Vingt ans après, les Pays-Bas ayant été réunis à la couronne d'Espagne, elle fut soumise à la domination de cette puissance.

Lille resta près de deux siècles sous le pouvoir des Espagnols. En 1667, Louis XIV, qui prétendait à la succession des Pays-Bas, vint à la tête d'une puissante armée et la prit le 27 août de la même année, après neuf jours de tranchée ouverte. Ce prince l'agrandit presqu'immédiatement, et y fit construire, par les soins du maréchal de Vauban, des fortifications nouvelles et une citadelle qui passe pour l'une des plus belles de l'Europe. Lors de la guerre de la succession d'Espagne, la ville fut reprise par les alliés, le 23 octobre 1708, à la suite d'un siège de quatre mois. Elle fut enfin cédé à la France par l'article 15 du traité d'Utrecht, du 11 avril 1713.

Le dernier évènement de guerre dont cette ville fut le théâtre, est le bombardement effectué par les Autrichiens, en l'année 1792. L'ennemi, au nombre de plus de 30,000 hommes, commandés par le prince Albert de Saxe, attaqua la ville le 29 septembre, et jusqu'au 8 octobre y jeta une immense quantité de bombes et de boulets rouges, qui ruinèrent plusieurs édifices publics et une grande quantité de maisons. La place, pourvue d'une faible garnison, fut vigoureusement défendue par ses habitants, et principalement par le corps des canonniers sédentaires, qui déploya en cette occasion, un rare courage et le plus grand dévouement. Malgré l'opiniâtreté de l'ennemi et les désastres qu'il occasionnait, on ne parla pas de se soumettre. Le prince Albert ayant sommé la ville de se rendre à l'empereur, voici la réponse que lui fit la municipalité :

« Nous venons de renouveler notre ser-
» ment d'être fidèles à la nation, de main-
» tenir la liberté et l'égalité, ou de mourir
» à notre poste. Nous ne sommes pas des
» parjures. »

C'est à ces courageux sentiments, partagés par les citoyens, que la ville dut son salut. L'ennemi, lassé enfin par ses infructueux efforts, se retira le 8 octobre sur Tournay, après avoir perdu plus de 2,000 hommes et laissant des traces profondes de son inutile fureur.

ADMINISTRATIONS ET ÉTABLISSEMENTS PUBLICS.

Le corps municipal est aujourd'hui composé de trente-huit conseillers nommés par les habitants. Le gouvernement choisit parmi eux, un Maire, président, et cinq Adjoints. Lille est le chef-lieu d'une division militaire et d'une préfecture. Elle possède un tribunal de première instance, un tribunal, une chambre et une bourse de commerce, une chambre consultative des manufactures, un conseil des prud'hommes, cinq justices de paix, six paroisses, un temple protestant, poste aux lettres, une bibliothèque, plusieurs musées, un jardin botanique, un lycée, des écoles primaires communales, des cours de dessin, d'architecture, de botanique, de physique, de chimie, etc., etc. Outre ces divers établissements, il existe à Lille, six hospices civils, qui sont : l'hospice général, créé par lettres-patentes du roi Louis XIV, du mois de juin 1738 ; l'hôpital St.-Sauveur, l'hospice des Vieux-Hommes et Bleuets, l'hospice Gantois, l'hospice Stappaert et le Béguinage. Ces diverses maisons de charité, dans lesquelles on entretient environ 2,400 indigens, tant malades que vieillards et orphelins, ont ensemble un revenu annuel qui dépasse 500,000 francs. Elles sont toutes desservies par des religieuses, à l'exception du Béguinage.

PRINCIPAUX MONUMENTS PUBLICS.

Parmi les monuments (*) que possède la ville de Lille, on doit citer l'arc de triomphe de la porte de Paris, élevé par le magistrat à la gloire de Louis XIV, ouvrage majestueux et de la plus belle architecture ; le vaste et beau bâtiment de l'hospice général ; le grand magasin, édifice remarquable par son élévation et le nombre de ses fenêtres, qui est de près de quatre cents ; la salle de spectacle ; l'hôtel-de-ville ; la bourse de commerce ; la colonne commémorative du siége de Lille en 1792 ; la statue du général Négrier, etc., etc.

MANUFACTURES. — INDUSTRIE. — COMMERCE.

L'industrie et le commerce actuels de cette ville embrassent une grande quantité d'objets dont nous ne pouvons donner ici l'immense détail. Les principales branches de cette industrie sont la filature du coton et du lin, la fabrication des fils retors, la teinture des toiles, la fabrication des pro-

---

(*) Voir ci-après, la notice historique et descriptive de chacun de ces monuments page 20 et suivantes.

duits chimiques, de la céruse, des tapis, des cardes, du tulle, des dentelles, des sarraux, le tissage des toiles, l'extraction et le rafinage du sucre, l'épuration des huiles de colza ou de pavots. On y trouve des brasseries, des distilleries, etc., etc. Lille étend son commerce sur presque toutes les parties du globe, où elle exporte les inépuisables produits de son sol et les précieux articles sortis de ses fabriques.

CURIOSITÉS SCIENTIFIQUES ET ARTISTIQUES.

A côté de ses manufactures, de ses magasins, de ses éléments de travail et d'opulence; à côté de ses magnifiques hospices et de ses nombreux établissements, déjà si dignes d'admiration, Lille montre avec orgueil ses académies, ses musées, ses écoles de beaux-arts, ses richesses littéraires. Là, ce sont des tableaux des Rubens, des Van-Dyck, des Jordaens, des Raphaël, des Murillo, des chefs-d'œuvre de toutes les écoles; là, c'est une incomparable collection de dessins originaux des grands maîtres italiens, collection qui, a elle seule, forme tout un musée, au frontispice duquel se trouve inscrit le nom de son généreux fondateur, le chevalier Wicar. Plus loin, c'est une bibliothèque de près de 35,000 volumes, riche en manuscrits, en éditions rares ; enfin, dans un palais bâti tout exprès pour elle, ce sont les célèbres archives des comtes de Flandre, augmentées de celles de la maison de Bourgogne-Autriche. Cent mille chartes originales, depuis les premiers temps de la monarchie jusqu'à la conquête de la Flandre par Louis XIV; vingt mille lettres écrites ou signées par les rois de France, d'Angleterre, les empereurs d'Allemagne, les papes, les personnages les plus fameux des siècles passés, une innombrable quantité de documents de toute nature sur l'histoire des hommes et des choses, tel est l'appât que présente ce précieux dépôt aux hommes politiques et aux amis de la science.

ESPRIT PUBLIC. — CARACTÈRE GÉNÉRAL DES HABITANTS.

Si l'on nous demande maintenant quel est, dans cette grande cité, l'esprit public, chose toujours assez muable et difficile à fixer, nous répondrons qu'en général, le Lillois, ami du travail, de l'ordre, éprouvé par de longue vicissitudes, froid et réservé par caractère, subit les évènements sans les provoquer ; qu'il s'en émeut peut-être, mais

2

ne s'en trouble point. Dans ses relàtions particulières comme dans la gestion de ses affai-
res, il apporte les mêmes principes de pru-
dence et de sagesse ; aussi le voit-on rare-
ment se lancer dans ces spéculations hasar-
deuses qui sont, pour la caisse du négociant,
ce que les coups d'état sont pour les gouver-
nants. La vieille réputation de probité flamande s'est conservée intacte à Lille , et les
rares désastres financiers qui y arrivent sont
plutôt le fait du malheur que celui de l'im-
péritie ou de la mauvaise foi. Le Lillois est
affable envers les étrangers , mais il ne les
recherche pas, il les attend. Sa famille suffit,
en général, à ses besoins de sociabilité. Généreux , quoique toujours circonspect , il
ouvre plus facilement sa bourse que ses
salons ; quand il les a ouverts, c'est pour y
donner une franche et généreuse hospi-
talité.

FORTIFICATIONS.

L'enceinte tracée par les remparts autour
de la ville de Lille est un ovale d'environ
2,400 mètres dans sa plus grande longueur,
sur 1,200 de large. Elles est percée de sept
portes , savoir : Au nord celle de St.-André
(d'Ypres), ci-devant appelée Royale, parce

qu'elle a été ajoutée dans l'agrandissement fait en 1670, par Louis XIV. Au levant, les portes de Gand (de la Madeleine), de Roubaix (de St.-Maurice), et de Tournai (de Fives). Au midi, celle de Paris (des Malades). Au couchant celles de Béthune (de Notre-Dame) et de Dunkerque (de la Barre). La Citadelle est assise au couchant (1).

CITADELLE.

Cette forteresse qui ne se montre qu'imparfaitement du côté de sa principale entrée, vers l'esplanade, à cause des ouvrages qui la couvrent, est environnée au-dehors d'une inondation dont on ne fait usage qu'au besoin et qui la rend respectable. Sa position est telle qu'on ne peut l'attaquer qu'après la prise de la ville, ce qui ajoute beaucoup à sa force ainsi qu'à son importance. M. de Vauban, dont elle est le chef-d'œuvre, n'a rien négligé pour lui donner tout le degré de perfection, dont elle était susceptible à l'époque de sa construction.

---

(1) C'est entre la porte de Roubaix et celle de Tournai, qu'on a fait une percée pour l'entrée du chemin de fer dans l'intérieur de la ville.

PORTES DE LA VILLE.

La ville de Lille compte sept portes que que nous avons indiquées dans l'article *Fortifications.* La porte de Paris est seule digne d'être citée, ce monument d'ordre dorique, élevé à la gloire de Louis XIV, se présente sous un aspect vraiment majestueux. On reconnaît le génie du grand siècle dans la noblesse des proportions et dans la sage distribution des ornements qui tous se rattachent au sujet principal. Aucune place de guerre ne peut se flatter, dit-on, de posséder une entrée comparable à celle-ci.

Cet arc de triomphe, dont le plan et l'exécution firent le plus grand honneur à l'architecte *Volans*, fut érigé en 1682 par le magistrat de Lille, sur l'emplacement de la vieille porte des Malades.

REMPARTS.

Les remparts de Lille, commencent à l'extrémité de l'Esplanade, près du manège civil, ils peuvent être parcourus sans interruption, en tournant à droite, jusqu'à la porte de Dunkerque où ils finissent près des ouvrages avancés de la Citadelle. Ils sont plantés de différentes espèces d'arbres, et offrent dans quelques parties une promenade agréable.

CASERNES.

A part la caserne de Saint-André, les anciennes casernes de Lille n'ont rien de remarquable.

Celle près de la porte de Gand, lorsqu'elle sera entièrement construite, doit être l'une des plus grandes, des plus solides et des plus commodes de la France.

ARSENAL.

Cet édifice dont les murs sont baignés par une des branches primitives de la Deûle, a été construit en 1733 sur l'emplacement du temple luthérien, que les Hollandais avaient obligé le magistrat de faire bâtir pour leur usage, en 1712. Mais ayant rendu la ville en vertu du traité de paix d'Utrecht, ce temple, devenu inutile, fut converti en arsenal.

Les arsenaux de Lille et de sa Citadelle contiennent trois à quatre cents bouches à feu, et un nombre suffisant d'armes portatives pour armer cent mille hommes.

HOPITAL MILITAIRE.

Ce grand et superbe édifice servait de couvent et de collège aux jésuites, lorsqu'ils furent dissous et expulsés en 1765. — Aujourd'hui c'est un hôpital militaire, dont la position salubre, la belle distribution, la grandeur des salles, le jardin qui sert de promenade aux convalescents, la propreté qui y règne et la bonne administration lui assurent un rang distingué parmi les hôpitaux militaires de la France.

PROMENADE.

La partie de l'Esplanade de la Citadelle qui sert de promenade est la seule qu'il y ait à Lille. Elle est très-bien plantée et elle est traversée dans sa longueur, par un canal qui conduit les eaux de la Moyenne-Deûle dans la Basse-Deûle. On y remarque la statue du général Négrier, près le pont Napoléon; le Manège civil, le Manège militaire, deux Magasins à poudre, l'entrée et les fortifications de la Citadelle, ainsi que la porte de Dunkerque du côté opposé à la ville. On y trouve deux cafés, *le Ramponeau* et *Ma Campagne*; un tir au pistolet est établi près des glacis de la Citadelle.

GARDE NATIONALE.

La Garde nationale de Lille, outre le bataillon d'Artillerie, la Garde à cheval et le bataillon des Sapeurs-Pompiers, se compose de cinq bataillons de chacun six compagnies. Ces différents corps forment une légion dont l'effectif est de 5,000 à 6,000 hommes armés.

CORPS DES CANONNIERS (1).

Le corps des Canonniers de Lille, dont l'existence date du 2 Mai 1483, a rendu en différents temps d'importants services à la ville qui l'a vu former.

Dans une sorte de musée, disposé par les Canonniers de Lille, se trouvent réunis les portraits, avec l'uniforme du temps des officiers qui, à différentes époques, ont commandé le corps. On remarque dans ce musée, le portrait du général Négrier, peint par notre concitoyen Ducornet, un buste de ce général exécuté par M. Bra, puis un uniforme complet du même général, laissant

(1) Voir dans le *Guide portatif des Étrangers dans Lille*, page 70, l'histoire abrégé du corps des Canonniers Lillois.

voir à la place du cœur, un trou nettement découpé..... celui formé par la balle dont il a été atteint en défendant l'ordre public, dans les troubles qui ont éclaté à Paris, en Juin 1848.

CORPS DES SAPEURS-POMPIERS (1).

Ce corps qui a rendu de si grands services, ne laisse échapper aucune occasion de prouver son dévouement.

Le lieu où se réunissent les Sapeurs-Pompiers, pour s'exercer à la manœuvre de la pompe, etc., fait partie de l'ancien couvent des Sœurs de la Madeleine. L'entrée de ce lieu de réunion est rue de la Baignerie, entre les numéros 8 et 10.

ÉGLISE SAINT-MAURICE (2).

L'église paroissiale de Saint-Maurice, a aujourd'hui une prééminence qu'elle doit à

---

(1) Les détails sur l'organisation de ce corps, sont consignés dans le *Guide portatif* déjà cité, page 74.

(2) On compte à Lille six églises paroissiales : *Saint-Maurice, Saint-Sauveur, Saint-Etienne, Saint-André, La Madeleine, Sainte-Catherine.*

son ancienneté (4), à sa position au centre de la ville, et à l'importance de la paroisse.

On y trouvait autrefois beaucoup de tableaux estimés. Il n'en reste qu'un petit nombre, parmi lesquels on ne peut guère citer que le *St-Nicolas* de Vanderburgh le père, et le *Martyre de St.-Maurice* par Lenghen Jean; le *Triomphe de la Ste.-Vierge*, par Vaumine, et le *Triomphe de David*, bon tableau par un maître inconnu.

On voit dans cette église une chapelle nouvellement restaurée dans le style général du monument.

St.-Maurice est la paroisse dans laquelle ont lieu toutes les cérémonies religieuses ordonnées par l'état ou par la ville.

ÉGLISE SAINT-SAUVEUR.

Cette église était remarquable autrefois par la belle flèche gothique dont sa tour était surmontée; mais ce monument du treizième siècle, ayant servi de point de mire aux autrichiens, lorsqu'ils bombardèrent cette ville en 1792, succomba sous l'effort des boulets enflammés dirigés contre lui:

---

(1) La construction de cette église, si l'on en croit les historiens, remonte au XII.ᵉ siècle.

Les amateurs n'y distinguent que trois tableaux, la *Transfiguration*, le *Denier de César* (copie de Rubens), et *Jésus enseignant*..

Le buffet d'orgue est d'un beau travail.

ÉGLISE SAINT-ÉTIENNE.

Cette église bâtie en 1696, portait autrefois le nom *des Jésuites*, auxquels elle appartenait. Elle est devenue paroissiale par suite de la destruction de l'ancienne église de Saint-Etienne, lors du bombardement de Lille, en 1792.

Un tableau de grande dimension représentant le martyre de St.-Etienne, orne le fond du chœur. Il est dû au pinceau de M. Victor Mottez, de Lille, qui l'a exécuté à Rome en 1838.

Cette église, décorée avec goût, possède un orgue remarquable par la qualité et le grand nombre de ses jeux.

ÉGLISE SAINT-ANDRÉ.

L'église maintenant affectée à cette paroisse, décanale, comme les autres paroisses de Lille, était autrefois celle des *Carmes-Chaussés*. C'est une des plus belles de la ville, et les soins particuliers que l'on donne à son embellissement en ont fait disparaître les traces de la dévastation, à laquelle elle a été livrée comme tous les édifices du même genre.

Plusieurs tableaux ornent le chœur. Celui du maître-autel produit beaucoup d'effet : il représente le *martyre de St.-André*, peint par Descamps de Lille.

On y remarque une chaire bien sculptée (1); une très-belle grille en fer jugée l'une des plus remarquables par les connaisseurs; la porte en argent massif du tabernacle de la chapelle de la Sainte-Vierge, chef-d'œuvre de ciselure; la boiserie du pourtour intérieur de l'église, dont le travail est généralement approuvé; des fonts baptismaux nouvellement construits; un calvaire dont les sculptures sont vues avec plaisir, et dont le Christ est l'œuvre du premier sculpteur religieux connu; de très-belles orgues; et deux bustes en marbre qui proviennent de l'ancienne collégiale de Saint-Pierre. Ces bustes sont de la main du sculpteur *Quillins*, qui s'est acquis en Flandre une certaine célébrité dans le siècle dernier.

---

(1) Le chapeau de cette chaire est l'œuvre d'un carme, que la mort a surpris pendant son travail.

On a placé dans cette église, des verrières dans le genre des vitraux de la chapelle de Versailles.

ÉGLISE DE LA MADELEINE.

L'église de la Madeleine est surmontée d'une coupole élégante qui la distingue entre tous nos édifices religieux.

L'architecture de cette église sans être d'un style très-pur, produit néanmoins un bon effet. Elle possède plusieurs tableaux dignes de fixer l'attention des connaisseurs. A gauche, à l'autel de N.-D. de Bon-Secours, se trouve un tableau peint par Rubens, représentant *une Adoration des Bergers.*

Vis-à-vis, à l'autel du Saint-Sacrement, un tableau de Van-Dyck représentant N.-S. Jésus-Christ en croix.

Le tableau du Maître-Autel ainsi que les quatre principaux docteurs de l'église latine qui décorent l'intérieur de la coupole, sont de Van-Oost, élève de Rubens.

Les quatre qui sont placés dans le chœur sont ordinairement cachés par des rideaux, marque certaine du prix qu'on y attache.

ÉGLISE SAINTE-CATHERINE.

L'intérieur de cette église est formé de trois nefs qui n'ont rien de remarquable que leur largeur.

Le maître-autel de Sainte-Catherine est orné d'un beau tableau de Rubens. Il représente le martyre de cette sainte, au moment où le licteur s'apprête à lui trancher la tête, tandis que le prêtre des idoles emploie de vains efforts pour ébranler la foi de l'illustre vierge, et ne peut y parvenir ni par la persuasion, ni par les apprêts du plus horrible supplice.

Outre ce tableau capital on en remarque une dizaine d'autres dûs aux pinceaux de M. Mottez.

Dans la nef latérale à gauche, on voit dans une belle niche gothique, une antique statue de pierre, représentant la Sainte-Vierge, sous le vocable de *Notre-Dame de la Treille*. Cette statue réveille d'anciens et pieux souvenirs. Elle était déjà honorée dans l'église collégiale de St.-Pierre, l'an 1213, quand un terrible incendie consuma notre ville.

Une chose tout-à-fait digne de l'attention des amateurs, sont les trois verrières de la chapelle de N.-D. de la Treille. Ces verrières ont été exécutées avec beaucoup de talent par M. Gaudelet, peintre sur verre.

BOURSE DU COMMERCE.

Cet édifice a été construit en 1652, en vertu d'une ordonnance de Philippe, roi d'Espagne. Il est remarquable à l'extérieur à cause des maisons qui l'entourent et qui conservent des ornements dans le goût de l'architecture arabe que les espagnols avaient importé dans les Pays-Bas; l'intérieur forme un carré régulier autour duquel règne une galerie couverte, soutenue par un rang de colonnes en pierres de taille très-dures.

Ce bâtiment est l'ornement principal de la Grande Place.

HÔTEL DES MONNAIES.

Cet hôtel fut érigé en 1685, quoique depuis bien longtemps on battit monnaie à Lille. On ignore positivement l'époque où notre ville commença à jouir de ce privilège; mais on voit par les titres de l'église de St.-Pierre, fondée en 1055, qu'il existait dès lors une monnaie de Lille.

Il est fâcheux que cet établissement qui a toujours contribué à la prospérité du pays, soit allé se fondre avec la monnaie de Paris,

FOIRE ANNUELLE.

La Foire annuelle qui commence le 25 Août et dure quinze jours, se tient sur la Grande Place. On y vend toutes sortes de marchandises, mais celles de luxe y occupent la meilleure place. Les baladins construisent leurs baraques sur la Plaine entre la Promenade et la Citadelle.

HALLE AUX GRAINS. — ENTREPÔT DES SUCRES. — HALLE AUX ÉTOFFES.

Cet immense édifice, d'un effet imposant, construit en 1847 pour satisfaire aux exigences de trois services distincts, a été fait sur les plans de l'architecte *Benvignat*, ensuite d'une délibération du Conseil municipal qui a voté, à cet effet, dans sa séance du 20 Juin 1846, un crédit de 600,000 fr.

Il couvre un terrain d'environ 4,600 mètres carrés, qui servait autrefois de marché au charbon de bois.

Les locaux destinés à une Halle aux Etoffes, placés à l'étage supérieur, sont et seront employés à divers services municipaux, jusqu'au moment ou l'utilité de cette halle à Lille, sera mieux démontrée.

ABATTOIR PUBLIC.

En 1826, afin de remédier aux inconvénients qui résultent des tueries particulières, on a construit, sur les dessins de M. Peyre neveu, architecte de Paris, un abattoir public qui réunit toutes les conditions de commodité et de propreté désirables. Il est situé à l'extrémité de la rue du Metz, près du rempart.

GARE INTÉRIEURE DU CHEMIN DE FER.

Cette gare a été établie sur le terrain qu'occupait anciennement la célèbre abbaye de l'Abbiette, fondée en 1276 par la comtesse Marguerite; et sur celui où se trouvaient les casernes d'infanterie et de cavalerie dites des *Buisses*.

La forme, la légèreté et la solidité de ses constructions, exécutées sur les plans de M. Armand, architecte de la compagnie du Nord, font de cet édifice, un monument des plus remarquables.

ARCHIVES DÉPARTEMENTALES.

L'hôtel dans lequel ce dépôt est établi (rue du Pont-Neuf), a été construit d'après les plans de l'architecte *Leplus* et sur l'emplacement de l'ancienne prison dite de la *Tour Saint-Pierre*. Il a été inauguré le 26 Août 1844.

LYCÉE NATIONAL PROVISOIRE. — LYCÉE EN CONSTRUCTION.

Le Collège communal qui a été remplacé par le Lycée national en 1845, a été provisoirement transféré place aux Bleuets, dans le local de l'ancien Collège de Lille, qui était occupé depuis 1795, par le Magasin des Hôpitaux militaires.

Le Conseil municipal a voté une somme considérable (1,500,000 francs) pour la construction d'un Lycée, sur le terrain de l'ancien couvent des Récollets. On travaille à cette construction qui doit être terminée en 1853.

Les bâtiments du nouveau Lycée, contiendront en outre, la Bibliothèque communale, et des amphithéâtres pour les cours de Chimie, de Physique, etc.

ÉCOLES ACADÉMIQUES ET COURS SCIENTIFIQUES.

Les écoles académiques, *rue de la Dedle*, 2, comprennent :

1.º Une école de peinture, de dessin et de plastique ;

2.º Un cours de géométrie , de mécanique et de dessin · appliqués aux arts et métiers ;

3.º Un cours de dessin linéaire ;

4.º Une école d'architecture ;

5.º Un cours de perspective.

Les cours scientifiques, sont :

1.º Cours d'anatomie appliquée aux arts du dessin , *à l'Hôpital St.-Sauveur.*

2.º Cours de physique dans le local destiné à une Halle aux étoffes , au-dessus de la Halle aux grains.

3.º Cours de chimie appliquée aux arts et aux manufactures , *à l'ancien Lombard.*

4.º Cours de botanique et de zoologie ; *au Jardin Botanique.*

On est admis gratuitement dans tous ces cours.

SALLE DES CONCERTS. — ACADÉMIE DE MUSIQUE.

(Place du Concert).

La *Salle des Concerts*, qui passe pour l'une des plus belles qu'il y ait en France, est de forme ovale, et les dames y sont assises sur des gradins disposés en amphithéâtre. La décoration en est à la fois riche et élégante. Quant à sa construction, les règles de l'acoustique n'ont peut-être pas été assez bien observées, car en ne faisant aucun angle pour éviter que les sons aillent s'y perdre, on l'a rendue trop sonore, et il en résulte quelquefois un écho qui, non-seulement est désagréable à l'oreille ; mais encore produit de la confusion dans les parties instrumentales. Ce défaut, il est vrai, disparait totalement quand la salle est garnie d'un public nombreux. Il ne reste alors aucun reproche à faire à sa disposition.

Les autres parties de l'édifice sont occupées par les classes de l'académie de musique, fondée en 1819. Le succès obtenu par cette école a déterminé le gouvernement à l'asseoir sur une base solide, en l'instituant succursale du Conservatoire de Musique de Paris, et en lui allouant une somme annuelle, pour lui donner tout l'éclat dont elle est susceptible.

ÉCOLE DE NATATION.

L'École de Natation est située hors de la ville, à peu de distance des fortifications, entre les portes de Béthune et de Dunkerque.

Elle est divisée en deux parties ; l'une, dans laquelle on est admis sans rétribution ; l'autre, dans laquelle on n'est reçu qu'en payant.

Des maîtres-nageurs et des surveillants sont attachés à chacune des deux parties de cette école.

BIBLIOTHÈQUE COMMUNALE (1).

La Bibliothèque communale est provisoirement placée sous le Musée des Tableaux, à l'Hôtel-de-Ville. Les ouvrages qu'elle renferme sont classés d'après

---

(1) La Bibliothèque est ouverte au public tous les jours de la semaine sans exception, et pendant toute l'année, depuis neuf heures du matin jusqu'à quatre heures de l'après-midi

Une salle spéciale est ouverte au public de six à neuf heures du soir, tous les jours, excepté les dimanches et fêtes.

les cinq grandes divisions bibliographiques généralement suivies : Théologie, Jurisprudence, Sciences et Arts, Belles-Lettres et Histoire. Chacune de ces sections est encore subdivisée en autant de parties que l'exige le genre auquel elle appartient.

Dans un cabinet disposé à cet effet, se trouvent les manuscrits, les gravures précieuses, les éditions du quinzième siècle, les Alde, les Plantin, les Elzévir, etc. Il renferme aussi un exemplaire (édition impériale) du grand ouvrage sur l'Egypte, présent que notre Bibliothèque a reçu de la munificence du gouvernement.

BIBLIOTHÈQUES PARTICULIÈRES.

Les bibliophiles trouveront à Lille, indépendamment de la Bibliothèque communale, un certain nombre de Bibliothèques particulières, très-curieuses. Nous nous bornerons à leur citer les plus remarquables.

Ce sont celles de MM. Desmazières, Ch. de Godefroy, Hebbelynck, Le Glay, Th. Lestiboudois, Macquart, Van der Cruyssen, Van der Helle, Gentil-Descamps.

MUSÉE DE PEINTURE.

Le Musée de Peinture occupait avant

1848, la partie supérieure de l'ancienne église des Récollets; aujourd'hui il est placé dans les bâtiments de l'Hôtel-de-Ville.

On y arrive par le grand escalier d'honneur dont la cage offre sur ses parois, les reproductions moulées en plâtre des bas-reliefs du Parthénon, des caryatides, des bustes, des vases, etc., admirables éléments de l'art antique.

Le Musée occupe quatre grandes salles à gauche de la partie supérieure de l'escalier. La lumière y est habilement ménagée.

La première salle renferme les tableaux de l'école italienne, au nombre desquels se trouvent deux toiles de Paul Véronèse.

La seconde ceux de l'école flamande.

La troisième est presqu'en entier tapissée par des tableaux d'Arnould de Vuez.

La quatrième est occupée par des tableaux de l'école moderne.

MM. Lenglart, Malfait et Tencé possèdent chacun une collection de Tableaux digne d'être visitée par les artistes et les amateurs de mérite.

M. Reynart rédige en ce moment, le catalogue raisonné des richesses que renferme le Musée dont il est le conservateur. Personne mieux que lui ne pouvait être chargé de ce travail important, qui exige tout à la fois du zèle et des connaissances spéciales.

MUSÉE WICAR.

Le Musée Wicar se compose uniquement de l'inestimable don fait à la société des sciences, lettres et beaux arts de Lille, par le chevalier Wicar, peintre distingué, né à Lille, mort à Rome, le 27 Février 1834.

Ce don a tellement d'importance, qu'en fait de collection, il place Lille beaucoup au-dessus de toutes les villes de France, et force désormais les rois et les nations à envier le trésor que cette ville possède.

Ce Musée est ouvert au public les dimanches et les Fêtes, et le jeudi de chaque semaine, de dix heures du matin à quatre heures du soir. Les étrangers y sont reçus tous les jours sur la présentation de leur passeport.

MUSÉE MOILLET.

(Collection ethnologique ou ethnographique).

Ce Musée, donné à la ville par M. Alphonse Moillet, mort le 2 Janvier 1850, se compose d'armes, de costumes, de meubles et d'ustensiles en usage chez différents peuples des cinq parties du monde.

Cette précieuse collection sera placée dans

le local de l'ancien cabinet de physique à l'Hôtel-de-Ville, aussitôt que ce local aura été convenablement disposé.

MUSÉE D'HISTOIRE NATURELLE, D'ANTIQUITÉS ET DE CURIOSITÉS.

On arrive à ce Musée par l'escalier qui se trouve près des bureaux de l'état-civil, à l'Hôtel-de-Ville.

Classé par le nombre et par la richesse des collections au nombre des plus considérables qui existent en France, après celui de Paris, le Cabinet d'Histoire naturelle de Lille, inauguré le 26 août 1822, occupe une vaste pièce placée immédiatement au-dessus de la grande salle de réception de la mairie.

Indépendamment d'une riche collection minéralogique, ce Cabinet contient un certain nombre de fossiles, une collection d'Anatomie comparée et d'Anatomie pathologique, commencée depuis quelques années seulement, et qui prend déjà un grand développement.

ADMINISTRATION DES HOSPICES.

Cette administration qui a ses bureaux, rue de la Barre, 41, est composée de sept

membres qui sont chargés, chacun à son
tour, de la surveillance de l'un des hôpitaux
ou de l'un des hospices que nous allons indiquer successivement.

HÔPITAL SAINT-SAUVEUR.

La bonne comtesse Jeanne fonda cet hôpital en 1216, mais ce n'est qu'en 1698 qu'il
fut entièrement achevé au moyen du don
que lui fit Louis XIV, des biens des Mala-
dreries de la *Bonne Maison*, du *Pont-à-
Marcq*, de *Canteleu* et de l'*Hôpital d'An-
staing*.

Dans cet hôpital, où l'on voit régner la
propreté la plus recherchée, les malades
sont séparés des blessés afin de ne point agra-
ver la situation de ces derniers, par le con-
tact d'un air souvent contagieux. Des lits
en fer au nombre de quatre cents, garnis de
rideaux blancs, donnent à toutes les salles
un aspect uniforme, et qui éloigne l'idée de
la misère.

Pour les malades payants, le prix de la
journée est d'un franc vingt-cinq centimes.

Les malades y sont soignés par les sœurs
de St.-Augustin.

On conserve dans cet établissement, le
portrait en pied de Baudouin IX, comte de

Flandre et empereur de Constantinople, et ceux des comtesses Jeanne et Marguerite, ses filles.

HOSPICE-GÉNÉRAL.

L'Hospice-Général a été fondé en 1738. La première pierre en fut posée le 26 Août 1759. Le plan en était vaste et parfaitement ordonné, mais disproportionné avec les moyens d'exécution puisqu'il est demeuré imparfait. Toutefois la portion que l'on pût en réaliser produisit beaucoup de bien, et fut d'un grand secours pour la classe indigente.

La population a pu être augmentée par la construction d'un nouveau corps de bâtiment qui se lie au plan général de l'édifice, et a favorisé l'admission de cent trente pauvres qui la sollicitaient avec ardeur (1),

Dans la chapelle de l'hospice, on a placé le beau tableau de Van Dyck, représentant l'*Adoration*, qui a longtemps été remarqué dans le local où se trouvent les bureaux des hospices, rue de la Barre.

---

(1) La population de cet hospice est aujourd'hui de 280 enfants, de 120 incurables et de 1,100 vieillards des deux sexes.

HOSPICE COMTESSE.

L'Hospice Comtesse, l'un des plus anciens établissements de cette ville, fut fondé en 1227, sous le nom d'Hôpital Notre-Dame, par la comtesse Jeanne, fille de Baudouin IX, empereur de Constantinople et comte de Flandre. Cette maison, commencée à Marquette en même temps que l'abbaye du même lieu, était assez avancée, lorsqu'en 1230, la comtesse donna ordre de suspendre les travaux et de transférer l'établissement à Lille. Déjà cette princesse avait fondé l'Hôpital St.-Sauveur et une *Maladrerie* pour les innombrables lépreux qui venaient de la Terre-Sainte. Son esprit actif et son âme compatissante, sans cesse occupés à chercher les moyens de soulager les malheureux, la portaient à multiplier ces établissements utiles.

Cet hospice est maintenant exclusivement réservé aux vieillards infirmes, dits *Vieux-Hommes*, au nombre de quatre-vingts, et aux jeunes orphelins appelés *Bleuets*, ces derniers, au nombre de cinquante, sont nourris et entretenus au moyen des revenus de la fondation de M. Delagrange auxquels on a joint ceux de la fondation faite en

1605, par Guillaume de Bailleul, dit *Bapaume.*

On y reçoit des vieillards âgés au moins de soixante ans, moyennant trois cents francs de pension.

BUREAU DE BIENFAISANCE ET ÉTABLISSEMENTS QUI EN DÉPENDENT.

Les secours à domicile sont distribués dans chaque paroisse, par des commissaires délégués par le bureau de bienfaisance.

Ce bureau composé de cinq administrateurs, tient ses séances rue de la Barre, 41.

Outre la distribution des secours à domicile dont il est chargé, il a pour mission de créer, autant que ses ressources le lui permettent, des établissements où les pauvres puissent trouver gratuitement, tout ce que leur malheureuse position réclame et qu'ils ne sauraient se procurer.

Il vient de réunir dans un même local, rue des Poissonceaux, 21, 1.º des salles de bains simples ou médicamenteux, pour les pauvres des deux sexes, auxquels on en peut distribuer 300 par jour (1).

_____

(1) Les bains simples, frais généraux compris, reviennent à treize centimes ; les bains sulfureux, à trente-trois centimes. — On parle d'établir à

2.º Un dépôt d'effets d'habillement et de couchage;

3.º Un appareil servant à la préparation de soupes nourrissantes et de bouillons de bœuf, pouvant en fournir 10,000 litres par jour (2).

4.º Des approvisionnements de différentes espèces, pour l'usage des pauvres.

5.º Une pharmacie centrale pour le service des malades à domicile;

Une succursale est établie Façade du Réduit, pour la distribution des aliments et des préparations pharmaceutiques seulement.

Les bains se distribuent tous les jours pendant la saison d'été, et trois fois par semaine pendant l'hiver. — Les soupes et le bouillon de bœuf ne sont distribués que trois fois par semaine; le mardi, le jeudi et le samedi. — Les effets sont délivrés tous les jours, le dimanche excepté. — Les médicaments sont obtenus tous les jours et à toute heure.

Lille, des lavoirs et des bains publics à l'imitation de ceux qui existent à Londres.

(2) Le litre de soupe nourrissante, faite avec du riz, ou avec des pommes de terre, des haricots ou des pois, toujours choisis en première qualité, revient en moyenne, à dix centimes. — Le litre de bon bouillon de bœuf, coûte quinze centimes.

HOTEL-DE-VILLE.

Cet hôtel vient d'être reconstruit presqu'en entier.

L'ancien Hôtel-de-Ville avait été bâti par un duc de Bourgogne. Il portait le titre de *Palais de Rihoult*, plus tard on en a fait *Palais de Rihour* ou *des Rihours*. En 1524, Charles-Quint voulut qu'il se nommât *la Salle*, parce qu'il y avait transféré tous les droits-féodaux de l'ancienne *Salle de Lille*, qui venait d'être démolie ; mais cette qualification fut remplacée en 1541 par celle de *Cour de l'Empereur*, quand ce prince y eût logé avec le roi d'Angleterre, lors de leur passage à Lille. Dans la suite la ville fit l'acquisition de cet hôtel et il devint le siége de la juridiction échevinale.

Le nouvel hôtel construit sur les plans de l'architecte *Benvignat*, nous parait convenablement décrit dans un article que nous empruntons au journal *La Liberté*.

« Dans l'aîle gauche entièrement neuve, dit le journaliste, on arrive par le grand escalier au premier étage, qui a reçu les nombreux employés relevant du secrétariat ; une spacieuse antichambre décorée de tableaux conduit à divers bureaux, ainsi qu'au salon du conseil, au cabinet du Maire, etc. Une autre antichambre contiguë à la première, conduit à la bibliothèque *provisoire*. Nous rappelons à dessein ce mot provisoire, car l'exiguité de la salle réservée aux lecteurs n'est vraiment pas digne d'une ville comme la nôtre, et le plus tôt qu'on pourra changer cette disposition vicieuse sera le mieux.

» L'étage supérieur renferme le Musée des tableaux et le Musée Wicar. Presque tous nos concitoyens ont pu applaudir à la distribution grandiose et pleine de goût des vastes salons concédés aux Beaux-Arts.

» L'aîle droite de l'Hôtel-de-Ville, qui n'a reçu que quelques changements intérieurs, à part la reconstruction de la façade, renferme maintenant au rez-de-chaussée plusieurs services importants. Le bureau de la garde nationale contigu à la salle d'audience des conseils de discipline ; on y arrive par la porte du milieu donnant dans la cour. Le bureau de l'état-civil et la salle des lectures du soir terminent cette partie de l'édifice.

» Dans la même façade a été percée une porte qui donne accès aux nombreuses dépendances de la police. Au rez-de-chaussée se trouvent le poste des gardes, le bureau des passeports, et plus tard, dit-on, le bureau militaire. Quatre cachots, dits *violons*, dont deux sont garnis de planches, sans doute pour tempérer la mortelle humidité des énormes murs qu'elles recouvrent, sont destinés à remplacer le même établissement de ce genre qui se trouvait sous le beffroi.

» A l'entre-sol (car dans cette partie il existe un entre-sol), construction nouvelle, se trouvent le dispensaire, le bureau du commissaire central et ceux de ses employés. »

Au centre de la façade principale, au-dessus du couronnement, on a placé deux statues représentant l'une, *Lille artistique ;* l'autre, *Lille industrielle*. Ces deux figures sont dues au ciseau du statuaire Bra (1).

SALLE DITE DU CONCLAVE.

Nous recommandons à nos lecteurs de

---

(1) Outre les bureaux de l'administration municipale, parmi lesquels il faut comprendre, celui des Octrois, dont l'entrée est dans la rue du Frêne. On trouve encore à l'hôtel-de-ville, dans des locaux séparés, le Conseil des Prud'hommes, la Société des Sciences de l'Agriculture et des Arts, la Chambre de Commerce, le Musée ethnologique légué par M. A. Moillet, le Cabinet d'histoire naturelle, d'antiquités et de curiosités, le Musée de minéralogie, etc.

visiter l'ancienne salle dite *du Conclave* à laquelle on arrive par l'escalier qui se trouve près des bureaux de l'état-civil, à la Mairie.

Cette salle où se tenaient autrefois les magistrats quand ils rendaient la justice, présente un aspect majestueux. On y remarque une belle boiserie faite sur les dessins de *Deswerquins*, et plusieurs tableaux peints par *Arnould de Vuez*. Ces tableaux, nouvellement restaurés, représentent *un Christ en croix*, *la femme adultère*, *la mort d'Ananie*, *le jugement de Salomon*, *la chaste Suzanne* et *le jugement dernier*. Un autre tableau du même peintre et représentant *la comtesse Jeanne octroyant aux magistrats de Lille*, *la Charte municipale de 1235*, se voit dans le bureau de l'état-civil.

HOTEL DE LA PRÉFECTURE.

L'Hôtel de la Préfecture, bâti en 1786 pour l'intendance de la province, a été construit par l'architecte Lequeux, qui y fut assassiné le 15 Avril de la même année, par un jardinier auquel il donnait des ordres.

De 1789 à 1826, cet hôtel a presque toujours été occupé par les généraux qui ont successivement commandé la 16.e division militaire. Par suite d'un nouvel arrangement, le siége de la Préfecture y est maintenant établi.

HOTEL DU GÉNÉRAL COMMANDANT LA DIVISION.

L'hôtel qui sert de logement au général commandant la 2.e Division militaire, rue Négrier, présente une belle colonnade, précédée d'une cour spacieuse dont l'entrée est fermée par une grille.

COLONNE COMMÉMORATIVE DU SIÉGE DE LILLE EN 1792.

Au centre de la Grande-Place, on remarque le monument destiné à perpétuer le souvenir de la défense de Lille, en 1792. Ce monument, inauguré le 8 octobre 1845, est l'œuvre de l'architecte *Benvignat*. La statue en bronze qui le couronne, est due au ciseau de M. Bra, sculpteur dont le talent honore le département du Nord, dans lequel il a reçu le jour.

On lit sur ce monument, les inscriptions suivantes :

1.° Nous venons de renouveler notre serment d'être fidèles à la Nation, de maintenir la Liberté et l'Egalité ou de mourir à notre poste. *Nous ne sommes pas des parjures.*

2.° Levée du Siège. Nuit du 7 au 8 octobre 1792.

3.° Aux Lillois de 1792. Hommage de leur concitoyens. 1842.

4.° Les habitants de Lille ont bien mérité de la patrie (*Décret du 12 Octobre* 1792).

PALAIS-DE-JUSTICE.

Le Palais-de-Justice a été construit sur les dessins de M. Leplus, architecte; il a été terminé il y a environ quinze ans.

Le fronton du péristyle est orné d'un bas-relief exécuté par M. Bra, statuaire distingué ; celui de la façade postérieure est l'œuvre de M. Lemaire, sculpteur, qui a exécuté le beau fronton de l'église de la Madeleine, à Paris.

PONT-NEUF.

Le Pont-Neuf qui a été construit sous la conduite de l'architecte *Deswerquins* en 1701 ; est d'un aspect très-pittoresque. Il a six arches, dont deux sur le canal de la Basse-Deûle et deux de chaque côté pour le passage des piétons et des voitures qui longent le quai.

MANÈGE CIVIL.

Le Manège civil est à l'extrémité de l'Esplanade. Il n'a rien qui le distingue, si ce n'est un joli portique avec gradins et colonnes, qui termine la perspective de la promenade publique.

PONT NAPOLÉON.

Le Pont Napoléon, sur le canal de l'Esplanade, construit en 1812, par l'architecte *Deswarlez*, était de forme élégante; mais comme il était en bois, il s'est promptement détérioré. On vient de le reconstruire en matériaux plus durables.

STATUE DU GÉNÉRAL NÉGRIER.

Le monument élevé à la mémoire du général Négrier, est placé au rond point de l'Esplanade, vis-à-vis le pont Napoléon.

THÉATRE.

(Place de son nom).

Cet édifice, entièrement isolé, a été primitivement construit en 1785, par l'architecte *Lequeux* ; l'intérieur était distribué d'une manière à la fois agréable et commode; on n'avait guères à se plaindre que du peu de développement de la scène , où les acteurs étaient resserrés de façon à nuire souvent à l'effet du spectacle. En 1821 , on a voulu remédier à cet inconvénient , agrandir le théâtre , augmenter la salle d'un rang de loges et faire un parterre assis ; mais ce n'est pas sans raison que le sage a dit : *Le mieux est l'ennemi du bien*. Ce projet , approuvé d'abord par toute la ville , semblait devoir la dégréver avec le temps d'une charge assez onéreuse, et faire la fortune du directeur : il en est arrivé tout le contraire. L'idée première était bonne.; mais le plan fut mal conçu , bien qu'on se fût adressé à un architecte dont la réputation promettait une plus heureuse réussite.

En 1841-42, cette salle a été entièrement reconstruite , moins les murs de côté, six des colonnes de la façade et la toiture, sur les plans et la direction de l'architecte *Benvignat*. Cet architecte est parvenu à remplir très-convenablement le programme qui lui avait été donné. La salle nouvelle est belle , commode et peut recevoir cinq cents spectateurs en plus du nombre qu'il était possible d'admettre dans l'ancienne.

SALON DES NÉGOCIANTS.

Ce Salon a été fondé avant la révolution de 1789. Depuis longtemps il est établi dans les étages supérieurs de trois maisons situées sur la Grande Place, N.os 9, 11 et 13.

Il faut être étranger à la ville et il faut être présenté par un des sociétaires pour y être admis.

CERCLE DU NORD.

Sous ce titre s'est constituée à Lille, au commencement de 1849, une société de onze à douze cents citoyens qui se réunissent pour lire les journaux et s'amuser à différents jeux.

Cette société occupe l'ancien hôtel d'Avelin devenu la propriété de M. Dumaisniel, près du pont de la rue Saint-Jacques.

On y trouve une tabagie, une salle de lecture et un café-restaurant.

Les étrangers à la ville y sont admis, lorsqu'ils sont présentés par un sociétaire.

ASSOCIATION MUSICALE.

Cette Association, établie rue Esquermoise, 79, est d'origine toute récente (1849). Elle a pour but d'améliorer la position de nos artistes musiciens.

L'Association musicale se compose de membres exécutants et de membres honoraires payant une cotisation annuelle qui leur donne le droit d'assister aux répétitions, soirées et concerts.

Puisse cette utile institution obtenir beaucoup de succès.... c'est le vœu bien sincère de tous les amis des arts, de tous les vrais philantropes.

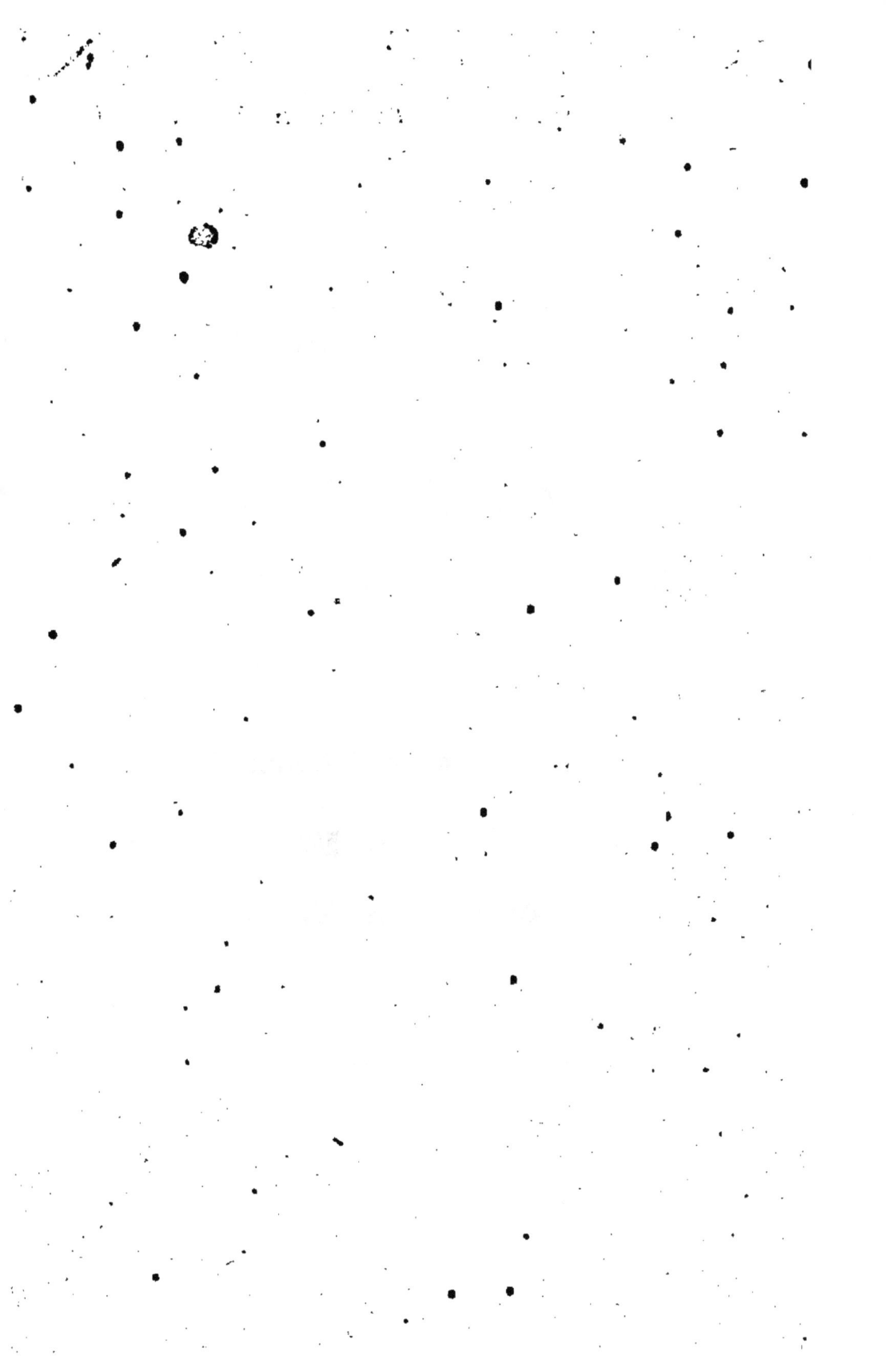

VILLE DE LILLE.

—

INDICATEUR

des Établissements et Édifices publics,

DES SOCIÉTÉS SAVANTES OU ARTISTIQUES,

DES RÉUNIONS PARTICULIÈRES,

des Rues, Places publiques,

MARCHÉS, PORTES,

QUAIS, PONTS, COURS,

IMPASSES, ETC., ETC.

La position sur le plan de Lille, des Rues, Places, Marchés, Edifices et Etablissements publics, est indiquée dans les tableaux ci-après.

On a placé un astérisque * devant le nom des édifices, des établissements publics, etc., plus particulièrement recommandés à l'attention de MM. les Etrangers.

ADMINISTRATIONS,

Établissements et Édifices publics,

Congrégations religieuses,

SOCIÉTÉS SAVANTES OU ARTISTIQUES,

RÉUNIONS PARTICULIÈRES,

Marchés divers.

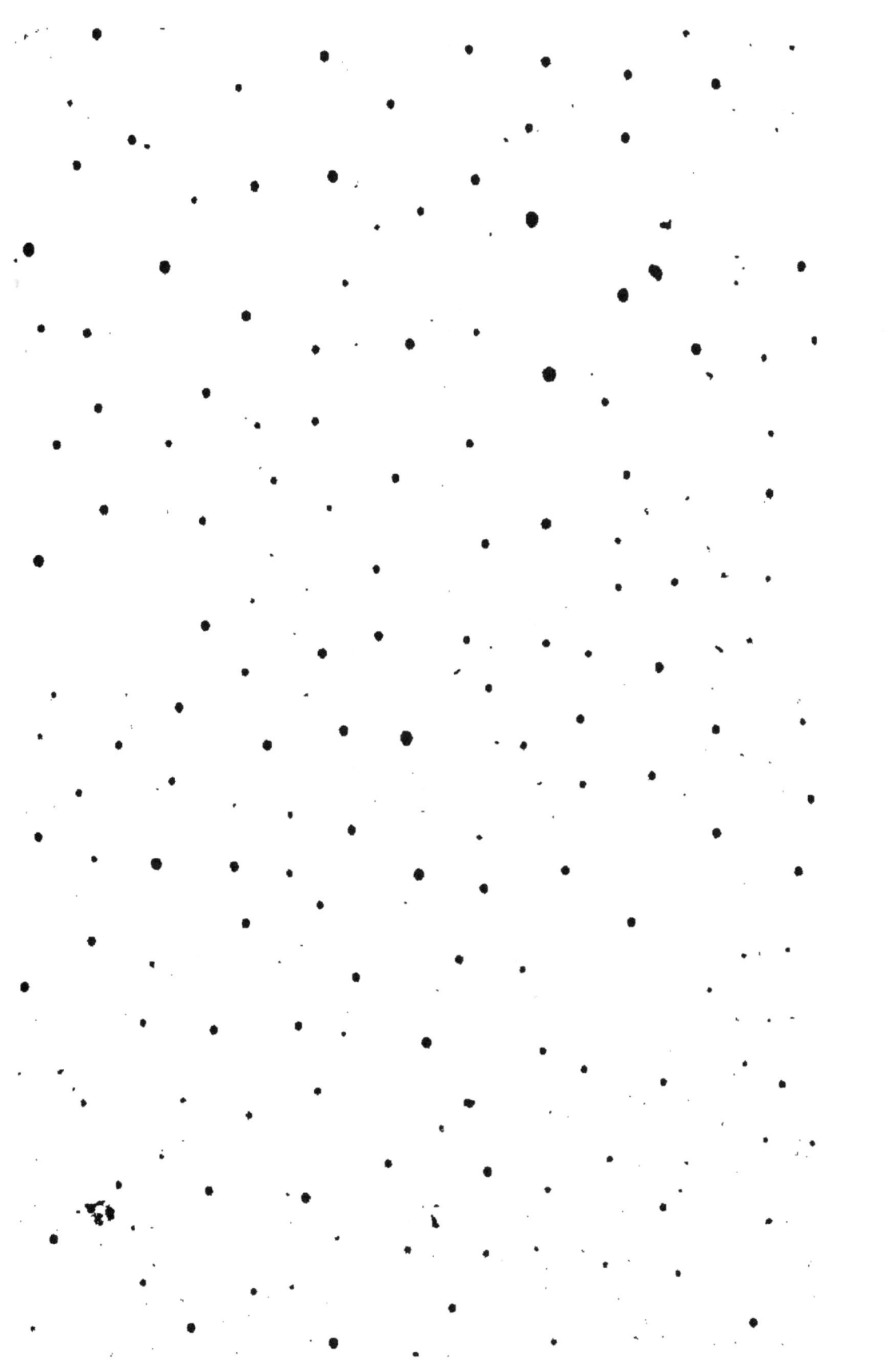

Numéros sur le Plan.	ÉTABLISSEMENTS ET ÉDIFICES PUBLICS, sociétés savantes ou artistiques, réunions particulières.	Position sur le Plan.
1	* Abattoir, rue Saint-Sébastien.	A 2
2	* Académie nationale de Musique, place du Concert	C 2
	Administration municipale (Bureaux de l'), à l'Hôtel-de-Ville. Ces bureaux sont ouverts de neuf heures du matin à quatre heures du soir.	D 3
3	Administration des Hospices, rue de la Barre, 41.	C 4
	Archives de la ville, à l'Hôtel-de-Ville.	D 3
4	* Archives du Département, rue du Pont-Neuf.	B 2
5	Arsenal, place de son nom . . .	C 4
6	Asile pour l'enfance, rue de la Deûle (1).	C 2
7	Asile pour les Aliénées, rue de Tournai, 11	E 2
	Association Lilloise, rue Sainte-Catherine, 60	B 4
	Association musicale, rue Esquermoise, 79	C 3
	Banque de France. — Succursale de Lille, rue des Fossés, 30.	D 4
	* Bibliothèque publique, à la Mairie.	D 2
	* Bourse de Commerce, sur la Grande Place. Elle est ouverte	

(1) Il y a d'autres asiles, place Wicar et place des Poissonceaux, et rues du Bourdeau, Saint-Sauveur et Princesse.

Numéros sur le Plan.	ÉTABLISSEMENTS ET ÉDIFICES PUBLICS, sociétés savantes ou artistiques, réunions particulières.	Position sur le Plan.
	tous les jours, les dimanches et fêtes exceptés, de midi à deux heures.	D 3
9	Bureau de bienfaisance, *rue de la Barre*, 41	C 4
	Bureau de la Garde Nationale, *à l'Hôtel-de-Ville*.	D 3
	Bureau des Passe-ports, pour l'intérieur, *au bureau central de police, à l'Hôtel-de-Ville.*	D 3
	Bureau des Passe-ports, pour l'étranger, *à la Préfecture, rue Nationale*, 70	B 3
	Bureaux de l'Enregistrement du Timbre et des Domaines, *rue des Arts*, 20	D 2
	Bureaux de la Mairie, *à l'Hôtel-de-Ville.* Ils sont ouverts de neuf heures du matin à quatre heures du soir.	D 3
	Bureaux de la Préfecture, *rue Nationale*, 70	B 3
	Ces bureaux sont ouverts au public tous les jours, de une heure à trois heures de l'après-midi.	
	* Cabinet d'Histoire Naturelle, *à l'Hôtel de la Mairie.*	D 3
	Il est ouvert au public les dimanches et jeudis, de onze heures à quatre heures.	

Numéros sur le Plan.	ÉTABLISSEMENTS ET ÉDIFICES PUBLICS, sociétés savantes ou artistiques, réunions particulières.	Position sur le Plan.
	Cabinet de Physique, d'Antiquités et de Curiosités, *à la Mairie*	D 3
	Caisse d'Epargne, placée provisoirement, *rue du Curé St-Etienne*, 10	D 3
	CASERNES	
10	Saint-André, pour cavalerie, *rue de son nom*	A 2-3
13 et 14	* Sur le terrain des anciennes casernes de la Madeleine, pour l'infanterie, l'on construit une grande caserne pour cavalerie.	1 B-C
15	Saint-Maurice, pour infanterie, *près la porte de Roubaix.*	D 1
16	De la porte de Paris, pour infanterie, *près la porte de Paris*	F 4
	Pour infanterie, en construction, *rue du Grand-Magasin.*	A 3
	* Cercle du Nord (1), *rue Saint-Jacques*, 26	D 2
	Chambre de Commerce, *à l'Hôtel-de-Ville*	D 3
16 bis	* Chemin de Fer (Gare du), *rue de Tournai.*	E 1-2
	* Cimetière communal.	
	*Citadelle	A-B 4-5

(1) Société composée de 1100 à 1200 membres. Les étrangers y sont reçus lorsqu'ils sont présentés par un sociétaire.

Numéros sur le Plan.	ÉTABLISSEMENTS ET ÉDIFICES PUBLICS, sociétés savantes ou artistiques, réunions particulières.	Position sur le Plan.
	*Colonne commémorative du siége de Lille, en 1792, *au milieu de la Grande Place*.	D 3
	Commission des bâtiments civils du département.	D 3
	Elle se réunit tous les mardis, à la Préfecture.	
	Commission d'inspection du travail des enfants dans les manufactures, *à la Préfecture, rue Nationale*	B 3
	Cette commission se réunit le 1er mercredi de chaque mois.	
	Commission historique du département, *à la Préfecture*	B 3
	Comptoir National d'Escompte pour l'arrondissement de Lille, *à l'hôtel des Monnaies*.	C 2-3
	Comité central de vaccine du département.	B 3
	Il se réunit à des époques indéterminées, à la Préfecture.	
	Conseil central d'hygiène et de salubrité du département.	B 3
	Il se réunit tous les quinze jours le lundi, à la Préfecture.	
	Conseils de guerre, *à la Citadelle*.	
	Conseils des Prud'hommes, *à la Mairie*.	D 3
18	*Corps-de-garde de la Place, *sur la Grande Place*	D 3

Numéros sur le Plan.	ÉTABLISSEMENTS ET ÉDIFICES PUBLICS, sociétés savantes ou artistiques, réunions particulières.	Position sur le Plan.
	Cours d'Anatomie appliqué aux Arts du Dessin, *à l'Hopital St.-Sauveur*	F 2-3
	Cours de Botanique et de Zoologie, *rue St.-Jacques*	C-D 3
	Cours public de Physique, *provisoirement au-dessus de la Halle aux Grains*..	B 2
	COUVENTS ET ÉTABLISSEMENTS RELIGIEUX.	
	Les Dames du Sacré cœur, *rue Nationale*, 68	C 3
	Les Filles de l'Enfant Jésus, *rue du Metz*, 32.	A 2
20	Les Dames Franciscaines, *façade de l'Esplanade*, 56	A 4
21	Les Dames religieuses du Bon Pasteur, *rue de la Préfecture* ...	B 3
	Les Filles de la Sagesse, institution pour les sourdes-muettes, *rue Nationale*, 131	A 3
	Les Sœurs de N.-D. de Bon-Secours, *r. de l'Hôpital milit.*, 74.	D 4
	Les Sœurs de Saint-Vincent de Paule, *rue de la Barre*, 10.	C 4
	Les Frères des Ecoles chrétiennes, *rue des Urbanistes*, 15. ..	D 1
	Culte Anglais, *rue du Prez*, 2.	E 4

Numéros sur le Plan.	ÉTABLISSEMENTS ET ÉDIFICES PUBLICS, sociétés savantes ou artistiques, réunions particulières.	Position sur le Plan.
	Culte Hébraïque, synagogue, *rue des Prisons*; 5	C 2
	Dépôt d'étalons, *quai de la Basse-Deûle*, 59	A-B 2
	Direction du Génie, *au fort S.t Sauveur*	F 3
	Douanes nationales, *r. du Cirque*	C 2-3
22	Ecoles Académiques et Communales (2), *rue de la Deûle*. . . .	C 2
	Les écoles académiques comprennent les cours d'Architecture, de Dessin, de Peinture, de Plastique, du Dessin linéaire; ceux de Géométrie, de Mécanique et de Dessin appliqués aux Arts et Métiers.	
	Ecole d'Equitation, *au Manége civil.*	A 4
	*Ecole de Natation, *hors de la ville, non loin des fortifications, entre la porte de Béthune et celle de Dunkerque.*	
	Ecole primaire supérieure, *rue de la Deûle*, 2	C 2
	* ÉGLISES	
23	Saint-André, *rue Nationale* . .	A 3
24	S.te-Catherine, *r. S.te Catherine.*	C 4

(2) Outre les Ecoles Communales de la rue de la Deûle; il y en a beaucoup d'autres établies dans les différents quartiers de la ville, soit pour les Garçons, soit pour les Filles.

Numéros sur le Plan.	ÉTABLISSEMENTS ET ÉDIFICES PUBLICS, sociétés savantes ou artistiques, réunions particulières.	Position sur le Plan.
25	Saint-Etienne, *r. de l'Hôpit. milit.*	D 4
26	De la Madeleine, *r. du Pont-Neuf*	B 1-2
27	S.t-Maurice, *contour de son nom.*	E 2-3
28	Saint-Sauveur, *rue de son nom*	F 2
	Eglise consistoriale, chrétienne-évangélique, *r. de Tournai*, 9.	E 2
28 *bis*	* Entrepôt des Sucres, *sur l'ancienne place du Marché au Charbon.*	B 2
	Etablissement du Gaz, *rue de la Caserne Saint-André*, 18 . .	A 3
	Etablissements charitables du bureau de bienfaisance, *rue des Poissonceaux*, 21	C 4
29	Etat-Major de la Division, *rue Négrier*, 10.	B 8
	Etat-Major de la Place, *au-dessus du Corps-de-Garde de la Place*	D 3
	Foire annuelle	D 3
	Cette foire dure quinze jours, du 25 août au 8 septembre. Elle se tient sur la Grande Place, pour les marchandises de toutes sortes.— Les jeux, les spectacles de tous les genres sont établis sur la plaine de l'Esplanade.	
	Fort Saint-Sauveur.	F 3
29 *bis*	* Halle aux Grains, *sur l'ancienne place du Marché au Charbon.*	B 2

Position sur le Plan.	ÉTABLISSEMENTS ET ÉDIFICES PUBLICS, sociétés savantes ou artistiques, réunions particulières.	Numéros sur le Plan.
30	*Hôpital militaire, *r. de son nom.*	D 4
31	*Hôpital civil, dit de S.t-Sauveur, *rue Saint-Sauveur*, 99 . . .	F 2-3
	HOSPICES	
32	*Général, pour des vieillards, des incurables et pour des orphelins des deux sexes, *quai de la Basse-Deûle*, 104.	B 1
33	Dit des Stappaerts, pour des orphelines, *rue de la Vignette*, 6.	E 3
34	Dit des Gantois, pour des vieilles femmes, *rue de Paris*, 224 .	F 3
35	Dit des Vieux Hommes, pour des vieillards, et des Bleuets, pour des orphelins, *r. de la Monnaie*	C 2
	Du Béguinage, *rue Princesse*, 34 et 36	A 2
	HÔTELS	
	De la Banque, *rue des Fossés*, 30	D 4
36	*Des Canonniers, *r.d. Canonniers*	D 1
37	De la Douane, *rue du Cirque*. .	C 2-3
38	De la Gendarmerie, *rue de Thionville*, 38.	B 1
	Du Général commandant la Division, *rue Négrier*, 10. . . .	B 3
39	Des Monnaies, *rue de la Monnaie*.	C 2-3
40	*De la Préfecture, *rue Nationale*, 70.	B 3

Numéros sur le Plan.	ÉTABLISSEMENTS ET ÉDIFICES PUBLICS, sociétés savantes ou artistiques, réunions particulières.	Position sur le Plan.
41	Des Sapeurs-Pompiers, *rue de la Baignerie, entre les N.os 8 et 10*	C 4
	* De Ville ou de la Mairie, *place de la Mairie*	D 3-4
	Institution des Sourdes-Muettes, *rue Nationale*, 131	A 3
	Institution pour les Sourds-Muets et les jeunes Aveugles, *à Fives, hameau de la Louvière* . . .	D 1
	Intendance militaire, *rue Nationale*, 107.	B 3
42	Jardin Botanique, *rue du pont Saint-Jacques*	C-D 2
	Jury médical du département. . Il se réunit une fois par an à la Préfecture.	B 3
	LOGES MAÇONNIQUES.	
	Les Amis Réunis, constituée en 1766, *rue de la Préfecture*; 1 D.	C 3
	La Fidélité, constituée en 1782, *rue de l'Hôpital militaire*, 108	D 4
43	* Lycée en construction, *rue des Fleurs*	D 2
	Lycée provisoire, *place aux Bleuets*	C 1

Numéros sur le Plan.	ÉTABLISSEMENTS ET ÉDIFICES PUBLICS, sociétés savantes ou artistiques, réunions particulières.	Position sur le Plan.
	MAGASINS A POUDRE.	
44	Des Hybernois	E 4
45	De la Noble-Tour.	F 2
46	Du Petit Paradis	A 4
47	De la Porte de Dunkerque . . .	B 5
48	De la vieille porte de Fives . . .	F 2
	De la porte de Gand	C 1
	De la porte de Roubaix.	D 1
	MAGASINS	
49	* Au Blé, *rue Nationale*	A 3
50	Aux Fourrages, *q de la B.-Deûle*	A-B 2
52	Des Effets d'habillement et de campement, *q. de la H.-Deûle.*	C 4
53	Des Hôpitaux militaires, *rue du Lombard.*	D 2
53 b.	Des Lits militaires, *r. d'Anjou*, 6	B 4
54	Du Génie, *rue du Magasin.* . .	A 3
55	Dit Parc aux Boulets, *même rue* .	A 3-4
	Maison d'arrêt et de correction, *derrière le Palais-de-Justice.*	C 2
57	* Manège civil, *sur l'Esplanade.*	A 4
58	Manège militaire, *près du pont de la Barre.*	C 5
59	Manufacture nationale des Tabacs, *rue du Pont-Neuf*, 39	B 1
60	Manutention, *q. de la H.-Deûle.*	C 5

Numéros sur le Plan.	ÉTABLISSEMENTS ET ÉDIFICES PUBLICS, sociétés savantes ou artistiques, réunions particulières.	Position sur le Plan.
	MARCHÉS PUBLICS.	
	Le droit de place sur les marchés est affermé; il forme une des branches du revenu municipal.	
	Marchés aux Bestiaux, derrière l'Abattoir.	A 2
	Le mercredi au matin pour les bœufs, vaches, taureaux, génisses et moutons ;	
	Le jeudi pour les veaux ;	
	Le lundi après-midi pour les porcs.	
	Marché au Beurre et aux Œufs, place du Château, le mercredi et le samedi	C 2
	Marchés aux Charbons. Celui du charbon de bois a lieu tous les jours, sur la place de l'Abattoir.— Le charbon de terre se vend sur les quais de la Haute et de la Basse-Deûle.	A 2
	Marché aux Chevaux, rue de son nom, le mercredi. Le grand marché aux chevaux a lieu le 14 Décembre.	B 2
	Marché aux Fleurs, place du Théâtre, tous les jours. . . .	D 3
	Marchés à la Friperie, Grande Place, le mercredi et le samedi; dans la Halle du centre du Mar-	

Numéros sur le Plan.	ÉTABLISSEMENTS ET ÉDIFICES PUBLICS, sociétés savantes ou artistiques, réunions particulières.	Position sur le Plan.
	ché St.-Nicolas, sur la place du Château et sur la place Wicar, les dimanches et fêtes.	
	Marché aux Fruits, place du Concert, tous les jours. . . .	C 2
	Marché aux Grains, à la Halle au Blé, le mercredi	B 2
	Marchés aux Légumes, Grande Place, place de la Housse, Marché au Verjus, les mercredis et samedis ; rue des Ponts-de-Comines, tous les jours, excepté les dimanches ; et au Marché S.t-Nicolas les dimanches.	
	Marché aux Oiseaux, place aux Bleuets, le dimanche	C 1
	Marché aux Poissons, place de son nom, tous les jours. . . .	D 2
	Marché aux Tripes ou de débris de bestiaux (cuits), Marché St.-Nicolas, tous les jours. . . .	D 3
	Marché à la Volaille et au Gibier, dans la Halle du centre du Marché St.-Nicolas, le mercredi et le samedi.	D 3
	Boucheries, Marché St.-Nicolas, tous les jours	D 3
	Il y a en outre, des boutiques de bouchers dans tous les quartiers de la ville.	
	Marché aux Huiles, à Moulins-	

Numéros sur le Plan.	ÉTABLISSEMENTS ET ÉDIFICES PUBLICS, sociétés savantes ou artistiques, réunions particulières.	Position sur le Plan.
	Lille (1), tous les jours, de onze à une heure.	F 3-4
61	Mont-de-Piété, *rue de son nom*	C 2
	Morgue, *en face de l'Entrepôt des Sucres.*	B 2
	*Musée de Peinture, *à la Mairie.*	D 3
	Il est ouvert au public, les dimanches et les jeudis, de onze heures à quatre heures. .	D 3
	*Musée d'Histoire Naturelle (Voy. Cabinet d'Histoire Naturelle).	D 3
	Musée ethnologique ou ethnographique, légué à la ville par M. A. Moillet, *à la Mairie* . . .	D 3
	Musée de Minéralogie, *à la Mairie*	D 3
	*Musée Wicar, *à la Mairie.* . .	D 3
	Octroi (bur. central), *r. du Fresne.*	D 3
62	Palais de Justice, *quai de la Basse-Deûle.*	C 2
	Poids public, *cont. de la Mairie.*	D 4
	Police (Bureau central de), *à l'Hôtel-de-Ville*	D 3
	Poste aux Chevaux, *place St.-Martin, 1, et quai de la Basse-Deûle; 7.*	C 2
	Postes aux Lettres, *r. Marais*, 18.	C 3
	Les bureaux sont ouverts de	

(1) *Moulins-Lille* est une commune formée de l'ancien faubourg des Malades (de Paris). Cette commune est le centre du commerce des huiles.

Numéros sur le Plan.	ÉTABLISSEMENTS ET ÉDIFICES PUBLICS, sociétés savantes ou artistiques, réunions particulières.	Position sur le Plan.
	huit heures du matin à huit heures du soir.	
	Prison militaire, *à la Citadelle*.	B 5
63	Rafinerie nationale des Poudres et Salpêtres, *rue de Paris* . .	E 3
	Recette générale du département, *rue Nationale*, 101	B 3
	*Salle du Concert, *pl. du Concert*	C 2
64	Salle d'Exercice pour infanterie, *près du pont de la Barre* . .	C 5
	Salles d'Asiles (voyez Asiles).	
	Salon des Négociants, *Grande Place ; entre les N.ᵒˢ 9 et 11*	D 3
	Société centrale de Médecine du département du Nord	
	Société des Sciences, de l'Agriculture et des Arts, *à la Mairie*	.D 3
	Société d'Horticulture, *rue du Pont St.-Jacques*, 14	C-D 2
	*Station intérieure du Chemin de fer., *rue de Tournai* . . .	E 1-2
	*Statue du général Négrier, *sur l'Esplanade*	B 4
	Synagogue, *rue des Prisons*, 5	C 2
65	Temple des Protestants, *rue de Tournai*, 9.	E 2
66	*Théâtre, *place de son nom* . .	D 3
	Tribunal de Police Municipale, *contour de la Mairie*	D 4
	Tribunaux civil et de commerce, *au Palais de-Justice*	C 2

INDICATEUR

DES RUES, PLACES PUBLIQUES,

PORTES, QUAIS, PONTS,

Cours, Impasses, etc.

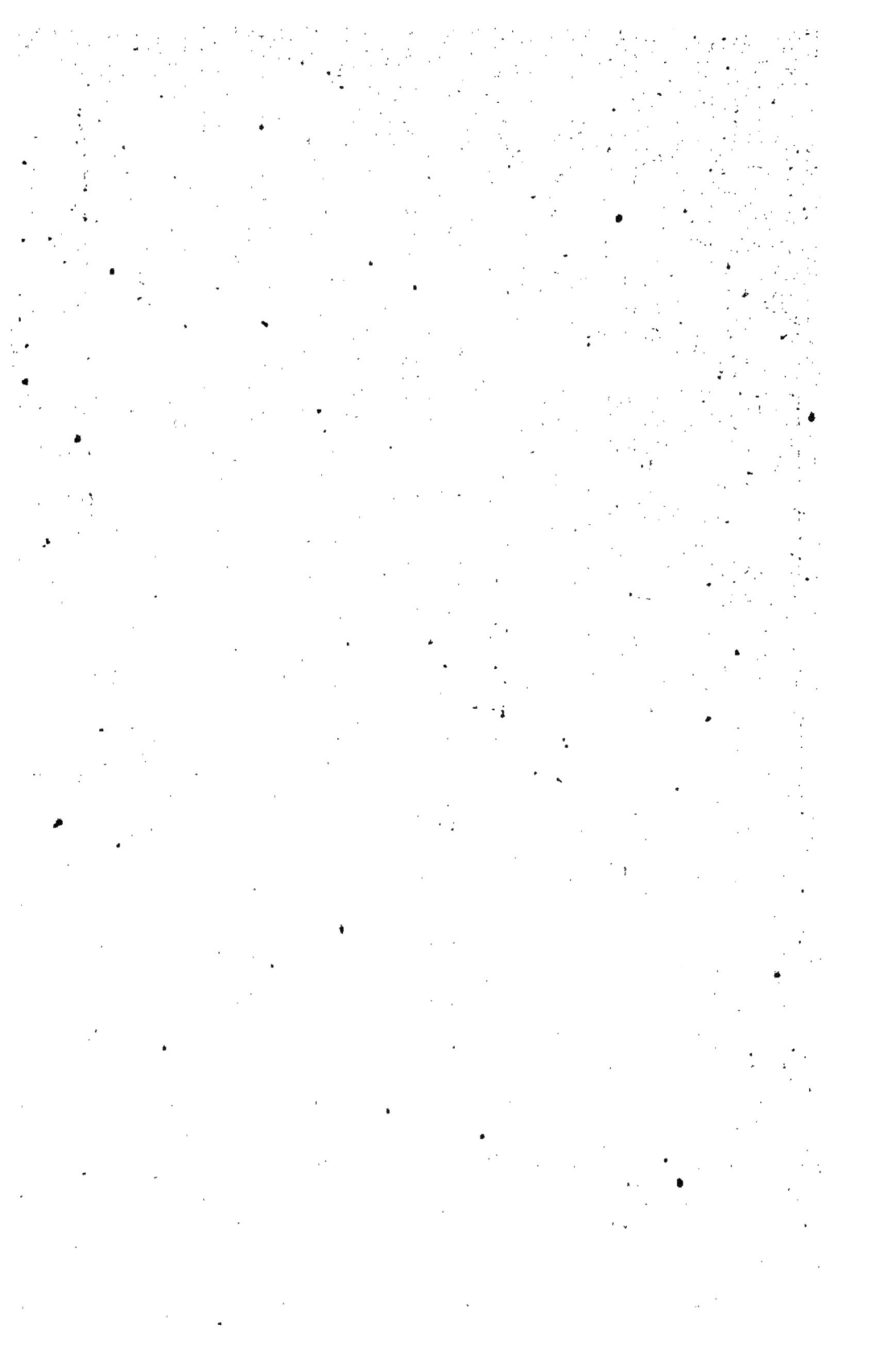

RUES.	Arrondissements.	Position sur le Plan.
De l'A , B , C.	3	E 3
D'Amiens.	3	E 4
D'Angleterre.	5	C 3
D'Anjou	5	B 3
D'Antoing.	1	E 2
De l'Arc	4	C-D 4
Des Arts.	1-2	D 2
Des Augustins.	1	E 2-3
De la Baignerie.	4	C 4
De Ban-de-Wedde.	1-3	E 3
De la Barre	4-5	C 4
Bartholomé Masurel.	2	C 3
Basse.	2	C 3
Des Bateliers.	2	B 1
Du Béguinage.	2	A 2
De Béthune.	3-4	E 4
Du Bleu Mouton.	3	E 4
Du Bois Saint-Etienne.	2	D 2
Du Bois Saint-Sauveur	3	F 3
Du Bombardement.	1	E 2
Des Bonnes Rappes.	2	C 2
Des Bouchers.	4	C 4
De Boufflers.	1	F 2
Du Bourdeau	1	E 2
Des Brigittines.	3	E 3
Des Buisses	1	E 2
Des Canonniers.	1	D 4
Des Capucins	3	E 3
De la Caserne S.t-André	2	A 2-3
Des Célestines.	2	C 2
Des Chats-Bossus.	2	C 2

RUES.	Arron- dis- sements.	Position sur le Plan.
Du Cirque.	2	C 3
A Claques.	2	C 2
De la Clef.	2	D 2
Comtesse	2	C 2
Contour de la Mairie . . .	4	D-E 4
Contour de la Piquerie . .	4	E 4
Contour du Bastion.	2	B 1
Contour Saint-Maurice. .	1	E 2-3
Des Coquelets	3	E 4
Coquerez.	5	C 3
Du Court-Debout	3	E 4
De Courtrai.	2	C 1
Du Croquet	1	F 2
Du Curé Saint-Etienne . .	2	D 3
Du Curé S.t-Sauveur. . .	1	F 2
Des Débris S.t-Etienne (1).	2	D 3
Détournée	8	E 3
De la Deûle	2	C 2
Des Deux Epées	4	D 4
A Diables (*impasse*). . .	2	B 2
Doudin.	5	C 3
Des Douze Apôtres. . . .	1	D 2
Du Dragon	1	E 3
De l'Entrepôt	2	B 2
De l'Eperon doré.	1	D 2
Esquermoise.	2-4-5	C-D 3
Des Etaques.	3	F 3
Façade de l'Esplanade. . .	5	A-B 4
Façade du Réduit. . . .	3	F 3

(1) Un projet pour faire de cette rue un passage couvert, est à l'étude.

RUES.	Arrondissements.	Position sur le Plan.
A Fiens.	1	D 2
De Fives	1	E-F 2
Des Fleurs	1	D 2
Des Fossés.	4	D 3-4
Des Fossés-Neufs.	5	B-C 4
Française (aujourd'hui rue Négrier).	5	B 3-4
Du Frêne.	4	D 3
Du Fresnelet	1	F 2
De Gand	2	C 1-2
Du Gars	2	C 1-2
De la Grande-Chaussée	2	D 3
Du Gros Gérard	5	B-C 4
Du Guet (impasse).	2	A 2
De la Halle.	2	B 2
De la Halloterie	4	C 4
De l'Hôpital-Militaire.	4	D-E 4
Des Jardins.	1	D 2
De J.-J. Rousseau	5	C 3
De Jemmapes	2-5	B 2-3
Du Lombard.	1	D 2
Lottin	3	F 3
Du Grand Magasin.	5	A 3
Mahieu	1	E-F 2
Du Maire.	1	D 1-2
De Malpart	3	F 3-4
Des Manneliers.	2-3	D 3
Marais	5	B-C 3
Du Marché aux Bêtes.	2	B 2
Du Marché-aux-Chevaux.	2	B 2
Du Marché aux Fromages.	2	D 3

RUES.	Arrondissements.	Position sur le Plan.
Maugré.	2	C 1
Du Metz	2	A-B 2
Des Molfonds	4	D-E 4
Du Molinel	3	E 3-4
De la Monnaie.	2-5	C 2
Du Mont-de-Piété	2	C 2
Des Morts.	1	D 3
Du Moulin de Garance.	1	F 2
Du Moulin-Delvallée.	3	E 4
Nationale.	5	A-B-C 3
De la Nef.	4	D 3-4
Négrier (rue Française).	5	B 3-4
Neuve.	3-4	D 3
Du Noir-Moreau.	1	D-E 3
Du Nord	2	A 3
Du Nouveau Siècle.	4	C-D 4
Des Os Rongés.	1	D-E 2
D'Ostende.	2	C 2
Des Oyers.	2	D 2
Du Palais.	4	D 4
Du Palais-de-Justice.	2	C 2
De Paris.	1-3	DEF 3
Des Pénitentes.	2	B-C 2
Du Petit Paon	2	D 3
Au Péterinck.	5	C 2-3
De la Piquerie.	4	D 4
Du Plat.	3	E 4
De Poids	1	F 2
Des Poissonceaux.	4	C 3-4
Du Pont-à-Raine	2	C 1
Des Ponts de Comines.	1	D 2-3

RUES.	Arrondissements.	Position sur le Plan.
Du Pont Neuf	2	B 2
De la Préfecture	5	B-C 3
Des Prêtres	2	C-D 3
Du Pré	3	E 4
Du Priez	1	E 2
Princesse	2-5	A 2-3
Des Prisons	2	C 2
Du Quai	4	C 4
De la Quennette	1	D 2
Des Quinze Pots	5	A 3
De la Rapine	2	C 2
Du Rempart	2	A 3
Des Robleds	3	F 3
Ropra	2	B 2
Du Rossignol	3	E 4
De Roubaix	1	D 1-2
Du Rouge-Debout	3	E 4
Des Sahuteaux	3	F 3
Saint-André	2-5	A-B 3
Sainte-Anne	1	E 2
Sainte-Catherine	5	C 4
Sainte-Marie	5	A 3
Sainte-Marie-Magdeleine	1	E 2
Saint-Étienne	4	D 3-4
Saint-François	2	B 2
Saint-Genois	4	E 2-3
Saint-Hubert	1	D 1
Saint-Jacques	1-2	C 2
Saint-Joseph	2	C 2
Saint-Martin	4	C 4-5
Saint-Michel	3	E 4

RUES.	Arron-dis-sements.	Position sur le Plan.
Saint-Nicaise	3	E 3
Saint-Nicolas	3	D 3
Saint-Pierre	2-5	B-C 2
Saint-Sauveur	1-3	E-F 3
Saint-Sébastien	2	A 2
Sans Pavé	1	D-E 2
Du Sec-Arembault	3	D 3
Des Sept Agaches	2	D 3
Des Sept Ilonaines	3	E 4
Des Sept Sauts	1-2	D 3
Des Suaires	2	D 3
Des Tanneurs	3	E 3
De Tenremonde	4	D 3-4
De Thionville	2	B-C 1
Terrasse Sainte-Catherine	5	C 4
De Tournai	1	E-F 2
Des Tours	2	C 1-2
De la Trinité	1	E 3
Des Trois-Couronnes	2	D 3
Des Trois-Mollettes	5	C 3
Des Urbanistes	1-2	D 1
Du Vert-Bois	4	D 4
De la Vieille-Comédie	4	D 3
Du Vieux-Faubourg	1	D 1-2
Du V.-Marc.-aux-Moutons	1	E 2
Des Vieux Murs	5	C 3
De la Vignette	3	E 3-4
De Voltaire	5	B 3
Wicar	1	F 3

PLACES PUBLIQUES, PONTS, PORTES ET QUAIS.	Arron-dis-sements.	Position sur le Plan.
Esplanade (*promenade publique*)	5	A-B 4
PLACES PUBLIQUES.		
De l'Arsenal, *près l'Arsenal.*	4	C 4
De Béthune	3-4	E 4
Des Bleuets	2	C 1
Du Château.	2	C 2
Du Concert	2	B-C 2
De Gand	2	C 1
De la Garre, *près la Station.*	1	E 2
Du Gars, *p. la rue de ce nom*	2	C 2
Grande Place	2-3-4	D 3
Grande Place Comines . . .	1	D 2
De l'Hôpital militaire. . . .	4	D 4
Du Lion d'Or	1-2	C 2
De la Mairie.	4	D 3
Du Marché au Verjus. . . .	4	D 4
Du Marché aux Poissons . .	1	D 2
Du Marché S.t-Nicolas . . .	3	D 3
Du Palais de Justice	2	C 2
Des Patiniers	1-2	C-D 2
Petite Place Comines . . .	1	D 2
Placette aux Oignons, *derrière la Monnaie*	5	C 3
Du Réduit.	3	F 3
Des Reigneaux.	1	D 2
Saint-André.	2-5	A 3
Sainte-Catherine.	5	C 4
Saint-Martin	2	C 2

PLACES PUBLIQUES, PONTS, PORTES ET QUAIS.	Arron-dis-sements.	Position sur le Plan.
Du Théâtre	1-2	D 3
Du Vieux Marché aux Che-vaux.	3	E 4
Du Vieux Marché aux Poulets	1-2	D 2
Wicar	3	F 3
La Plaine ou Esplanade de la Citadelle	5	A 4-B 4-5
PONTS PRINCIPAUX (*).		
D'Amour, *rue des Bouchers*	4	C 4
De la Barre, *sur l'Esplanade*	4-5	C 5
Des Hybernois, *rue de la Vignette*	3	E 4
De la Grue, *sur la B.-Deûle.*	2	B 2
Des Molfonds, *rue de même nom*	4	D 4
Napoléon ou National, *sur l'Esplanade.*	5	B 4
Neuf, *sur la Basse-Deûle* .	2	B 2
De Notre-Dame, *sur la Basse-Deûle*	2	C 2
Du Ramponneau, *sur l'Es-planade*	5	B 4
De Roubaix, *près la Douane.*	2-5	C 3

(*) Outre ces ponts on en rencontre un grand nombre d'autres à découvert, notamment dans les rues *de l'Arc, de la Baignerie, de Béthune, des Fleurs, de Gand, des Jardins, de la Nef, Neuve, des Poissonceaus, de la Quennette, de Roubaix, de Saint-Etienne et de Tenremonde.*

PLACES PUBLIQUES, PONTS, PORTES ET QUAIS.	Arrondissements.	Position sur le Plan.
Saint-Jacques, *rue de même nom*	1-2	C 2
De Weppes, *rue Esquermoise*	2-4	C 3
PORTES		
De Béthune (de Notre-Dame).	3-4	E 4
De Dunkerque (de la Barre).	4-5	B 5
De Gand (de la Madeleine).	2	C 1
De Paris (des Malades). . .	3	F 4
De Roubaix (de S.t-Maurice).	1	D 1
De Tournai (de Fives). .	1	F 2
D'Ypres (de Saint-André).	2-5	A 3
D'Entrée du Chemin de Fer.	1	E 1
PORTES D'EAU.		
Dite Grille-du-Haut, *à l'entrée du bassin de la H.-Deûle*.	4	C 4
Du Petit-Paradis, *au bout de l'Esplanade*	5	A 4
De la rue de l'Arc	4	C 4
De la Basse-Deûle, *près de l'Hospice Général*. . . .	2	A 1
QUAIS		
De la Basse-Deûle	2	B-C 2
De la Haute-Deûle	4	C 5

COURS, IMPASSES, PASSAGES OU RUELLES.

Nota. Les cours, impasses, passages ou ruelles, que nous indiquons, ont leur entrée dans les rues désignées à la suite de leur nom. — La lettre (I) indique les *impasses*; celle (P) les *passages*; celle (R) les *ruelles* ou rues trop étroites pour y permettre la circulation des voitures. On a donné aussi ce dernier nom aux *Cours* qui ont deux entrées et par des rues différentes. — Le nom de *cours* est donné à une réunion de petites maisons, presque toujours occupées par des ouvriers ou par des indigents; ces maisons n'ont ordinairement pour elles toutes, qu'une cour et une seule pompe dont l'usage appartient à tous ceux qui les habitent.

De l'Apôtre, *rue des Etaques.*
De l'Assommoir(R), *r. S.t-André.*
De la Baignerie, *r. du même nom.*
Des Arbres, *rue du Vieux-Faub.*
Du Bateleur, *r. du Curé S.t-Sauveur.*
Du Beau Bouquet (R), *rue du Gros Gérard et rue S.te-Catherine.*

Débris Saint-Etienne (R), *grande Place et rue des Prêtres.*
Débris Saint-Etienne (petite des) *Marché aux Fromages.*
Deledeuille, *rue Négrier.*
Des deux Epées, *vis-à-vis la rue de Tenremonde.*

Du Blanc Cheval (R), *place Comines et rue du Priez.*
Du Bleu-Galant, *ruelle des Elites*
Du Bleu-Soulier, *ruelle des Elites.*
Des Bons Enfants, *rue des Sept Sauts*
Des Bons Enfants, *rue du Plat.*
Des Bourloires, *rue de Paris.*
De la Brouette, *place des Patiniers.*
Brune et des 3 Arbres, *r. du V.Faub.*
Burette, *rue du Vieux Faubourg.*
Cado, *rue Sainte-Catherine.*
Carnin, *rue Coquerez.*
Du Chaudron, *rue de Tournai.*
Cologne, *rue Sainte-Catherine.*
Le Comte, *rue de Fives.*
Du Coq d'Inde (R), *rue Saint-Genois et rue d'Antoing.*
Des Coquelets, *rue des Coquelets.*
De la Corderie, *rue S.te-Catherine.*
Du Cygne, *rue S.te-Catherine.*
Cysoing, *rue du Bois S.t-Sauveur.*

Du Dragon d'Or, *r. du V.Faubourg.*
A l'Eau, *placette aux Oignons.*
A l'Eau, *rue des Etaques.*
Des Elites (R), *rue du Vieux Faubourg et au rempart.*
De l'Epinglette, *rue du Frénelet.*
De l'Etoile, *rue d'Antoing.*
A Fiens (R), *rue des Vieux Murs et placette aux Oignons.*
Des Fondations, *rue Princesse.*
Fourmestreaux, *rue Princesse.*
De France, *rue Sans Pavé.*
Du Funquereau, *r. des Canonniers.*
Gha, *rue Saint-Sauveur.*
Gilson, *rue du Cirque.*
Gosier, *rue Mahieu.*
Guiterne (R), *place Saint-Martin et rue Saint-Jacques.*
Du Gland, *rue de la Préfecture.*
Du Haut Ballot, *rue Princesse.*
Les Halles (P), *place du Théâtre*

De l'Hermitage, *rue de Jemmapes.*
Des Innocents, *rue des Urbanistes.*
Des Jardins(allée), *façade du Réduit*
Du Jardin de l'Arc, *pl. des Bleuets.*
Jeannette-à-Vaches, *r. S.t-Sauveur*
Joyeuse, *rue Malpart.*
Le Brun, *rue Saint-Sébastien.*
Lecroart, *rue de Jemmapes.*
Du Maître Charles, *rue du Curé Saint Sauveur.*
Du Lion d'Or, *place du Lion d'Or.*
Malines, *rue de Fives.*
Michel, *rue des Poissonceaux.*
Du Moulin à Chiens, *quai de la Basse Deûle.*
Mousson, *rue du Plat.*
Muheau, *rue des Etaques.*
Du Mulet, *rue des Bouchers.*
Neuve, *rue des Bâteliers.*
Neuve, *rue des Etaques.*

Poulet, *rue des Bateliers.*
Du Pourcelet (R), *r. du Bourdeau. et du Vieux Marc. aux Moutons.*
Du Pourpoint d'Or, *r. des Bouchers.*
Du Puits, *rue des Robleds.*
Des Quatre Carreaux, *rue Mingaugue.*
Des Quatre Couronnés, *cour de la Baignerie.*
Des Quatre Maisons, *cour des Trépassés.*
Des Quatre Volants, *r. de Tournai.*
Du Rempart (I), *rue du Rempart.*
Du Réveilleur, *rue des Etaques.*
Rosalie, *rue des Fossés-Neufs.*
Saint Clément, *Marc. aux Poissons.*
Saint-Hubert, *rue du Plat.*
Saint-Jean, *rue de Paris.*
Saint-Joseph, *rue Marais.*
Saint-Paul, *rue du Vieux Faubourg*

Noiret, *rue de Paris.*
Notre-Dame, *rue des Etaques.*
Notre-Dame, *rue des Bouchers.*
Notre-Dame, *rue Sainte-Catherine.*
Passage Parisien, *marché aux Poissons et r. des Ponts de Comines.*(*)
Des Pauvres-Claires(R), *rue de Paris, et rue du Molinel.*
Des Poissonceaux (I), *rue de ce nom.*
Pologne, *rue Sainte-Catherine.*
Du Pont-National, *r. de Jemmapes*

(*) Ce Passage servait autrefois de *Petites Boucheries.* Il est remarquable par la propreté et par l'uniformité des boutiques de lingerie qui ont remplacé les étaux d'une vingtaine de bouchers.

Sauvage, *rue des Etaques.*
A Soldats, *rue des Poissonceaux.*
Du Soleil, *rue de Paris.*
Soubespin, *rue S te-Catherine.*
Touret, *rue Saint-Sauveur.*
Des Trépassés, *rue des Poissonceaux*
Du Trou aux Anguilles (I), *marché aux Poissons.*
Des Trois Anguilles (R), *rue Négrier et rue de Voltaire.*
Du Vacher, *rue des Etaques.*
Du Vacher, *place des Patiniers.*
Du Vacher, *rue des Fossés Neufs.*
Valers, *rue du Bourdeau.*
Du Vert-Bois, *place des Reigneaux*
Du Vert-Lion, *rue de Paris.*

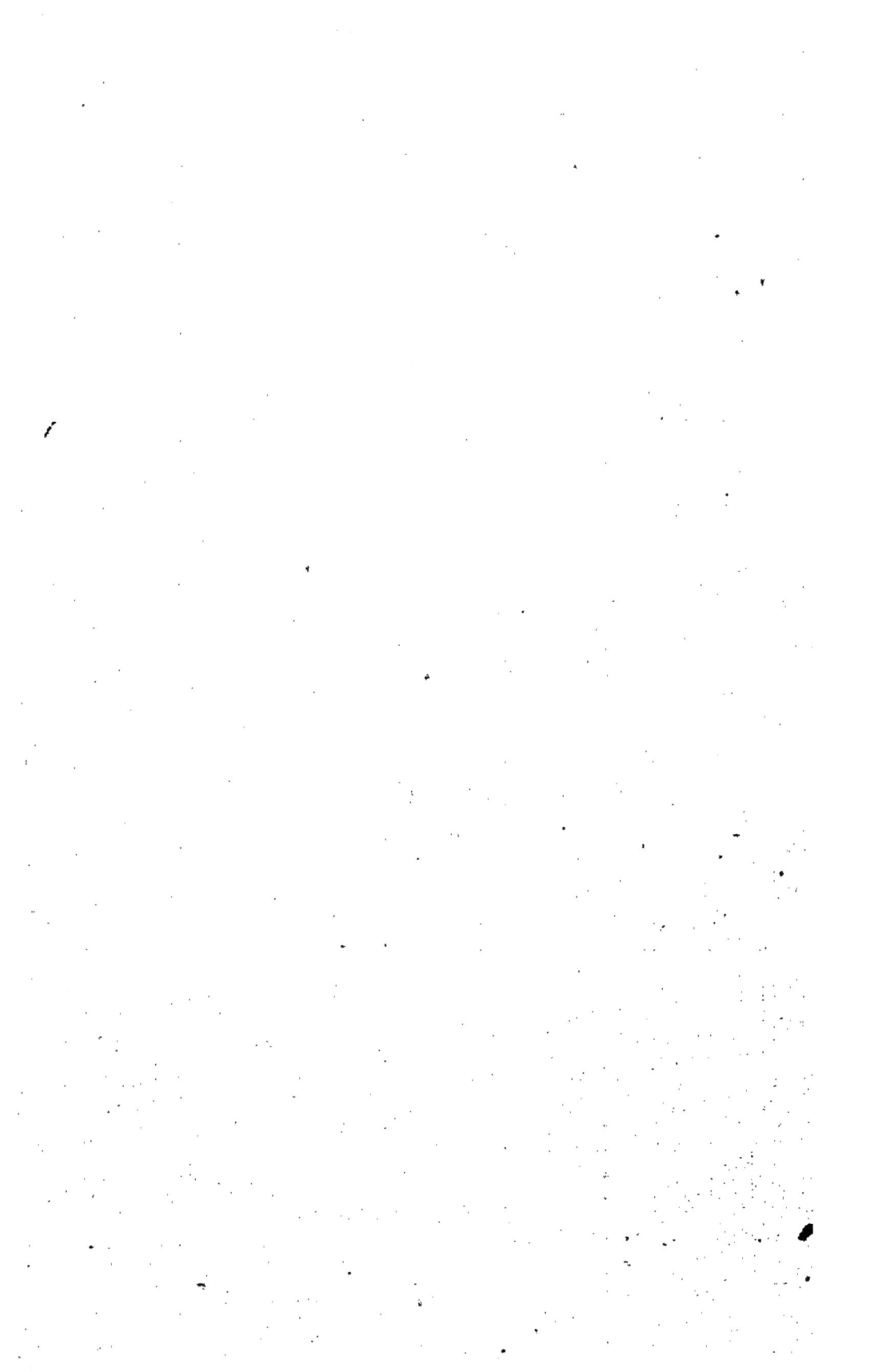

TABLE

DES MATIÈRES CONTENUES DANS CE VOLUME.

FIN DE LA TABLE.

LIVRES SUR LILLE

Qui se trouvent chez tous les Libraires de cette ville, et notamment chez CASTIAUX, Grande Place, 15.

Conducteur ou Guide des Etrangers dans Lille, volume in-12 (1826).
2 »

Guide des Etrangers dans Lille, édition revue par *Buqoellos*, in-18, fig. (1846).
1 »

Guide portatif ou nouveau Conducteur des Etrangers dans Lille et sa banlieue, publié par S. B.***, volume in-24, orné du plan de la ville (1850).
1 50

La personne qui se sera procuré ce volume, pourra se dispenser d'acheter les deux suivants.

Petit Conducteur dans Lille, à l'usage des Etrangers, volume in-24, avec le plan de Lille.
» 80

Indicateur général des établissements publics, des sociétés savantes ou artistiques, des rues, marchés, etc., de la ville de Lille, cahier in-24.   » 30

Dans ce cahier, on a désigné par un astérisque * tous les établissements, tous les édifices qui peuvent être l'objet de l'attention des étrangers.

Annales des Canonniers de Lille, par *Brun-Lavainne*, volume in-12, frontispice.   1 »

Histoire du Siége de Lille en 1792, rédigée sous les yeux du conseil de guerre, accompagnée des pièces justificatives, le tout extrait des auteurs contemporains, in-18, figures.   » 75

Plan de la ville de Lille, avec une légende très-détaillée.   1 »

Petit Plan de Lille.   » 40

Le même avec indicateur général, cartonné.   » 80

Carte de l'Arrondissement de Lille, avec le tableau des communes qui en font partie.   » 60

Petite Carte de l'Arrondissement de Lille.   » 30

Typ. de Blocquel-Castiaux, à Lille.